Cornelia Topf

Gehaltsverhandlungen für freche Frauen

REDLINE WIRTSCHAFT

Cornelia Topf

Gehaltsverhandlungen für freche Frauen

Fordern Sie, was Sie verdienen –
und bekommen Sie, was Sie wollen!

REDLINE WIRTSCHAFT

Cornelia Topf
Gehaltsverhandlungen für freche Frauen
Fordern Sie, was Sie verdienen – und bekommen Sie, was Sie wollen!
Heidelberg: Redline Wirtschaft, 2005
ISBN 3-636-01260-6

Unsere Web-Adresse:

http://www.redline-wirtschaft.de

Umschlag: Vierthaler & Braun, München
Coverabbildung: zefaimages
Satz: abc.Mediaservice GmbH, Buchloe
Druck: Himmer, Augsburg
Printed in Germany 01260/080501

Inhaltsverzeichnis

Anmerkung 9
Vorwort 11

1 Frauen trauen sich nicht 15

Wer will schon mehr Gehalt? 15
Ich würd' ja gern, aber ich trau mich nicht! 17
„Was soll der Chef denn von mir denken?" 22
Schwimmen lernt man nur beim Schwimmen 29
Wer kümmert sich um Ihre Wünsche? 36

2 Wovon Ihr Gehalt wirklich abhängt 43

Sie haben es selbst in der Hand 43
Warum Frauen den Mund nicht aufkriegen 50
Übernehmen Sie Renommier- und Chefprojekte 54
Sind Sie eine Zicke? 58
Die schleichende Progression 60

3 Fettnäpfchen in Gehaltsgesprächen 63

Wer seine Worte weise wählt, wird mit mehr Gehalt belohnt 63
Das Einzige, was beim Chef zieht 70
Das Eunuchen-Problem: Wollen, aber nicht können 77
Nonverbale Fettnäpfchen 82

4 Drücken Sie den Knopf vom Chef 89

Wer seinen Chef gut kennt, kriegt mehr Gehalt 89
Sympathische MitarbeiterInnen werden besser bezahlt . . . 90
Tun Sie dem Chef Gutes 96
Ohren auf im MAG 108

5 Frauen geben zu schnell auf 117

Und wenn der Chef Nein sagt? 117
Was sagen, wenn der Chef bockt? 128
Wie viele Frösche muss frau küssen? 137
Haben Sie einen Mann? Gebrauchen Sie ihn! 145

**6 Wie Sie trotzdem mehr bekommen,
auch wenn es nicht mehr Gehalt gibt 151**

Ersatzleistungen sind oft lukrativer als mehr Gehalt 151
Frauen lieben Fringe Benefits 162
Qualifizieren Sie sich! 168
Mit Absagen umgehen 172
Sie brauchen das alles nicht? 174

7 Unter der Gürtellinie: Wenn Männer zum Tier werden 179

Die Zeiten sind für Frauen härter geworden 179
Das Graue-Maus-Syndrom 182
Männer misstrauen Frauen 187
Schlammschlachten schlagen: Fighten statt Flennen 190
Ganz fiese Methoden 198
Von Männern lernen 202
Nur Mut 206

8 Gehaltsverhandlung extrem: Teilzeit-Jobs 209

Teilzeit ist eine schwere Zeit. 209
Die Testimonial-Argumentation 217
Diese minderwertigen Teilzeitkräfte! 222
Die heimliche Ausdehnung der Teilzeit 227
Eine ganz üble Tour 232
Die Sprachbarriere 237
Es gibt Hoffnung 238

Nachwort 239
Stichwortverzeichnis 243

Anmerkung

Um das Arbeiten mit diesem Buch für Sie möglichst einfach und effizient zu gestalten, haben wir wichtige Textpassagen mit folgenden Icons gekennzeichnet:

Achtung, wichtig

Aufgabe, Übung

Das sollten Sie auf jeden Fall vermeiden.

Beispiel

Tipp

Vorwort

Wenn Manager rechnen könnten,
würden sie mehr Frauen einstellen.
Die haben die besseren Schulabschlüsse,
motzen weniger und leisten mehr –
und sind mit einem Drittel weniger Gehalt zufrieden!
Holger K., zynischer Personalchef eines Mittelständlers

Ist es nicht eine Riesengemeinheit? Frauen bekommen immer noch für dieselbe Leistung deutlich weniger Gehalt als ihre männlichen Kollegen! Weil die Chefs so frauenfeindlich sind? Weil wir in einer Männerwelt leben, in der Frauen systematisch ausgebeutet werden? Schön wär's. Die Wahrheit ist bedrückender: Männer kriegen mehr Geld, weil sie öfter als ihre Kolleginnen um Gehaltserhöhung bitten, sich seltener von Vorgesetzten abwimmeln lassen und ihre schwachen Leistungen stark verkaufen.

Typisch Frau: Bringt mehr Leistung, kriegt weniger Gehalt

Frauen dagegen fordern viel seltener mehr Gehalt, geben in Gehaltsgesprächen schneller klein bei, verkaufen ihre starken Leistungen schwach – und haben vor allem typisch weibliche Sprachhemmungen in solchen Gesprächen: Sie trauen sich schlicht nicht, das zu fordern, was ihnen zusteht. Das erklärt, warum die üblichen Wie-bekomme-ich-mehr-Gehalt?-Ratgeber Frauen nicht wirklich weiterhelfen: „Wenn es ums Gehalt geht", sagt die Personalleiterin eines IT-Mittelständlers, „leiden Frauen unter typischen Weibermacken." Um diese typisch weiblichen Selbstsabotage-Strategien geht es erstmals in diesem Buch – und

Die meisten Gehaltsratgeber sind von und für Männer geschrieben

um die fiesen Tricks, mit denen Kollegen und Chefs Frauen um ihren verdienten Lohn bringen.

„Frauen leisten zwei Drittel der Arbeit, verdienen aber nur ein Zehntel des globalen Einkommens und besitzen nur ein Prozent an Grund und Boden." Aus: *Süddeutsche Zeitung*, 11.1.2003

Freche Frauen verdienen mehr

Der Ratgeber, den Sie in Händen halten, ist die logische Konsequenz aus drei vorangegangenen Ratgebern der „Freche Frauen"-Reihe: Nach dem „Führungsbuch für freche Frauen", „Körpersprache für freche Frauen" und „Rhetorik für freche Frauen" haben etliche Frauen endlich die Position erreicht, die sie schon lange wollten, haben ihr Standing, Image, Renommee in der Firma entscheidend aufgebessert und ihre Ausdrucksweise auf Business-Niveau gebracht – jetzt fehlt nur eines: Dass sie endlich auch das Gehalt bekommen, das ihnen zusteht.

Emanzipation? Nicht beim Gehalt!

Im Grunde ist die ganze Angelegenheit ein Witz. Die Emanzipation hat inzwischen so gut wie jeden gesellschaftlichen Bereich erfasst – nur am Gehalt von Frauen ist sie spurlos vorübergegangen. Frauen ergreifen mittlerweile jeden Beruf, den sie sich wünschen, machen mehrheitlich die besseren Schulabschlüsse, beenden Beziehungen viel öfter als noch vor zehn Jahren von sich aus und sind in großen Teilen wirtschaftlich nicht länger vom Mann abhängig – doch beim Gehalt ist alles noch beim Alten: Frauen leisten mehr, aber kriegen weniger. Das Tollste daran: Niemanden scheint das sonderlich aufzuregen!

Das große Tabu des 21. Jahrhunderts

Während man über Inzest, Massenmord, Pädophilie und andere Nettigkeiten schon am frühen Nachmittag in den Selbstdarstellungs-Shows spricht, ist die Gehaltsungerechtigkeit gegenüber Frauen das moderne Tabu schlechthin. Es wird nicht darüber geredet.

Das geht so weit, dass auf manchen meiner Seminare, wenn das Thema zufälligerweise gestreift wird, regelmäßig etliche Männer aufspringen und empört ausrufen: „Aber in unserer Firma nicht!

Da bekommen die Frauen das gleiche Gehalt wie Männer!“ Der Schock sitzt tief, wenn daraufhin ganz leise eine Kollegin aus dem Hintergrund einwendet: „Wenn ich mich nicht irre, verdiene ich gut zweihundert weniger als du!“ Das Entsetzen der Männer daraufhin ist meist nicht einmal gespielt: Es ist nachgerade Symptom eines Tabus, dass oft noch nicht einmal dessen Nutznießer davon wissen. Im Klartext:

> Mädels, vergesst die Männer, wenn’s ums Gehalt geht. Die können euch nicht helfen. Holt euch selber, was euch zusteht!

Warum ist das nötig? Warum beutet unsere ach so moderne Wirtschaft Frauen immer noch derart aus? Warum beseitigt sie nicht von sich aus diese Ungerechtigkeit? Dazu gibt es eine interessante Beobachtung, die Soziologen bereits vor etlichen Jahren machten: Sobald Frauen sich eine typische Männerdomäne erobern, wird diese abgewertet. Früher waren zum Beispiel Lehrer ganz selbstverständlich Männer. In dem Maße, wie Frauen in den Lehrerberuf drängten, zogen sich Männer auf höheres Terrain zurück. Die Maxime scheint zu lauten: „Wenn ich als Mann schon Lehrer werde, dann aber Gymnasiallehrer.“ In Tagesstätten und Kindergärten sind 96 Prozent der Erzieher weiblich. 75 Prozent der Lehrer in Grundschulen sind Lehrerinnen.

Man(n) kann Frauen bestimmte Berufe nicht verbieten. Aber man(n) kann sie abwerten!

In deutschen Kindergärten sind männliche Erzieher so selten wie ein Bischof im Bordell. Wer Grundschullehrer oder Kindergartenerzieher wird, muss sich als Mann fast schon schämen, zumindest vor den erstaunten Kollegen rechtfertigen. Diese Berufe sind gesellschaftlich abgewertet.

> „Nach wie vor verdienen Frauen im Durchschnitt etwa 25 Prozent weniger als Männer. Frauen stellen derzeit 77 Prozent der Geringverdiener in der Europäischen Union.“
> Aus: „Gleichstellung von Frauen und Männern“, Magazin Nr. 11 der Europäischen Union

Die herrschende Gehaltsungleichheit ist eine andere Abart der Abwertung. Das Motto lautet anscheinend: „Wenn wir schon nicht verhindern können, dass Frauen jeden Beruf ergreifen, dann werten wir ihre Arbeit wenigstens über einen satten Gehaltsabschlag ab!" Studien des Europäischen Statistikamtes Eurostat zeigen, dass eine Erhöhung des Frauenanteils in einem bestimmten Beruf pikanterweise mit einer Verringerung des relativen Arbeitsentgelts einhergeht. Aber das ist kein gottgegebenes Schicksal. Dagegen können Sie sich wehren. Sehr erfolgreich sogar. Jede Frau kann das.

„Generell lässt sich feststellen, dass die von Frauen geleistete Arbeit geringer eingeschätzt wird als die Arbeit der Männer."
Aus einem Gleichstellungsbericht der Europäischen Union

Auch Ihr Gehaltswunsch kann in Erfüllung gehen!

Jede Frau kann das Gehalt, den Lohn, das Honorar bekommen, das ihr zusteht, das sie sich wünscht, das sie verdient hat und mit dem sich ihre materiellen Träume erfüllen. Das erfordert von Ihnen weder ein Zusatzstudium noch dass Sie sich übel verbiegen. Sie müssen noch nicht einmal mit dem Chef schlafen. Es erfordert lediglich etwas Selbstbewusstsein und Redegewandtheit.

Wenn Sie auf der letzten Seite angekommen sind, werden Sie beides haben – und mehr Gehalt.

1 Frauen trauen sich nicht

Man wird nie betrogen, man betrügt sich selbst.
Goethe

Wer will schon mehr Gehalt?

Sie wollen mehr Gehalt? Meinen herzlichen Glückwunsch. Nein, jetzt ohne Scherz: Wenn Sie mehr Gehalt *wollen*, dann bringen Sie bereits eine wichtige Voraussetzung für die Erfüllung Ihres Wunsches mit: den Willen dazu. Es gibt einen kleinen, aber feinen Unterschied zwischen Wünschen und Wollen. Die meisten Frauen wollen, so verrückt das klingt, nicht mehr Gehalt. Nicht wirklich. Den mangelnden Willen verraten schon die nackten Zahlen:

Viele Frauen *möchten* zwar gern mehr Geld, aber sie *wollen* nicht

> Männer fordern sehr viel häufiger als Frauen eine Gehaltserhöhung.

!

Der durchschnittliche Kollege fordert selbst in schlechten Zeiten mindestens einmal im Jahr eine außertarifliche Gehaltsaufbesserung. Hätten Sie nicht gedacht? Die meisten Frauen sind von dieser Häufigkeit überrascht. Warum? Weil erstens Männer ihre Forderungen natürlich nicht an die große Glocke hängen. Und weil zweitens Frauen, wenn's ums Geld geht, in der Regel nicht sonderlich gut aufpassen. Sie achten lieber auf Wichtigeres, zum Beispiel auf ihre Arbeit, ihre Kunden oder Kollegen.

Männer stellen praktisch pausenlos Gehaltsforderungen. Und nebenher arbeiten sie noch ein wenig ...

„Je höher die hierarchische Stufe, desto krasser das Lohngefälle. In einigen EU-Ländern betragen die durchschnittlichen Gehälter von Frauen in Führungspositionen nur zwei Drittel der Gehälter der Männer. Die 10% Spitzenverdienerinnen unter den Frauen in der EU verdienen im Schnitt 35% weniger als die 10% Spitzenverdiener unter den Männern."
Aus einem EU-Gleichstellungsmagazin

Wer wenig fordert, kriegt auch wenig

Und nun raten Sie mal, wie oft die durchschnittliche Kollegin mehr Gehalt einfordert. Ein Mal alle zwei bis drei Jahre – wenn überhaupt. Rein mathematisch betrachtet ist es daher ein kleines Wunder, dass Männer bei gleicher Arbeit nicht das Doppelte verdienen ... Was uns zu der erstaunlichen Schlussfolgerung bringt: Frauen bekommen nicht weniger Gehalt, weil sie *weniger leisten*, sondern weil sie sich *weniger trauen*! Ist das nicht furchtbar ungerecht? Entspricht es nicht unser aller Vorstellung von Fairness und Gerechtigkeit, dass jede(r) das bekommt, was ihr/ihm nach Leistung und Bedürfnissen zusteht? Mag sein, doch leider leben wir weder in einer fairen noch in einer gerechten Welt. In einer idealen Welt würden Frauen für 150 Prozent Leistung auch 150 Prozent Gehalt bekommen. Solange wir nicht in einer solchen Welt leben, gibt es für uns nur einen Trost und einen Rat, der in seiner Einfachheit kaum zu überbieten ist:

Fordern Sie öfter mehr, dann kriegen Sie auch mehr.

Warum fordern Frauen nicht häufiger das ein, was ihnen zusteht? Dieses Rätsel gibt es, seit es Frauen gibt. Lösen wir es.

Ich würd' ja gern, aber ich trau mich nicht!

Die meisten berufstätigen Frauen hegen den begründeten Verdacht,

- ❏ dass sie bei gleicher oder besserer Leistung weniger verdienen als etliche Kollegen;
- ❏ dass sie weniger verdienen, als sie eigentlich verdient haben;
- ❏ dass sie sich für das bisschen Gehalt überproportional ins Zeug legen;
- ❏ dass sie für den Chef eine ziemlich billige Arbeitskraft sind;
- ❏ dass es schon recht lange her ist seit der letzten Gehaltserhöhung;
- ❏ dass Mode, Miete, Abgaben und Benzin teurer werden – aber das Gehalt im Vergleich dazu immer weniger.

Das alles weiß jede berufstätige Frau. Und trotzdem zitieren extrem wenige Frauen Gunter Gabriel: „Hey Boss, ich brauch mehr Geld!" Warum? Die Erklärung ist einfach:

> Frauen haben hundertfach größere Hemmungen als Männer, mehr Gehalt zu fordern.

!

Wenn Männer über ihr Gehalt nachdenken, denken sie in typischer Selbstüberschätzung gerne: „Bei dem, was ich alles leiste, bin ich einfach unterbezahlt – ich muss den Chef mal um eine Gehaltserhöhung anhauen!" Viele Frauen würden das liebend gerne auch tun – aber sie trauen sich nicht! Sie denken:

Warum Frauen sich nicht trauen

- ❏ „Wenn ich jetzt mehr Geld will, was denkt dann der Chef von mir?"
- ❏ „Wenn ich mehr Gehalt möchte, ist er sicher sauer auf mich!"
- ❏ „In diesen harten Zeiten kann ich der Firma das nicht antun."
- ❏ „Was ist, wenn er mir kündigt?"

Diese Hemmungen sind sehr individuell. Jede Frau hat andere Gedanken, die sie davon abhalten, das zu fordern, was sie eigentlich verdient hat.

Wenn Sie daran denken, morgen vom Chef mehr Gehalt zu fordern, welche Gedanken schießen Ihnen spontan durch den Kopf? Notieren Sie mal:

Zielerreichg: % lt. Finanzmacht Kreise, mehr Einsatz + Verantwortg als Kollegen, mehr effektive Besetzg des Kd-Stammes, mehr Wissen + Erfahrung, Vorbereitg für weitere Positionen => ?BB

Das also sind Ihre ganz persönlichen Sprachbarrieren. Der Platz hat nicht gereicht? Dann nehmen Sie einen Zettel dazu. Wie wirkt die Übung auf Sie? Die meisten Frauen sagen im Seminar: „Irgendwie erleichternd – komisch, oder?“ Nicht wirklich, wie schon Goethe wusste: Was Sie schwarz auf weiß vor sich sehen, verliert schon eine ganze Menge von seiner belastenden Bremswirkung. Je bewusster Sie sich eine Hemmung machen, desto weniger kann sie Sie hemmen! Eines der größten Hemmnisse für Frauen ist die Harmoniefalle.

„Die meisten Menschen sind sich gar nicht bewusst, dass ein Lohngefälle zwischen Männern und Frauen existiert, und können auch nicht nachvollziehen, welche Gründe es hierfür gibt.“ Aus dem Bericht der britischen Equal Opportunities Commission

Gefangen in der Harmoniefalle

Warum fordern Frauen so selten mehr Gehalt? Wollen sie nicht mehr Gehalt? Doch, natürlich. Aber es gibt etwas, das Frauen noch viel mehr wollen: Frauen wollen liebgehabt werden.

Männer wollen mehr Gehalt, Frauen wollen gemocht werden.

Deshalb glauben Frauen beim Gedanken an eine verdiente Gehaltserhöhung oft genug: „Wenn ich mehr Gehalt fordere, ist der Chef sicher böse auf mich!“ Männliche Kollegen kennen dieses Harmoniebestreben nicht oder nur zu einem geringen Teil. Wenn sie das Gefühl haben, zu wenig Kohle zu machen, dann ist ihnen relativ egal, was der Chef dazu denkt. Im Gegenteil. Sie handeln nach der Maxime: „Wenn der Chef mir blöd kommt, dann kann er aber was erleben!“ Frauen dagegen lassen sich von ihrem Harmoniebedürfnis davon abhalten, mehr Gehalt zu fordern oder es vehement genug zu fordern.

Frauen wollen unbedingt Harmonie, nicht unbedingt mehr Gehalt

Sie genieren sich oft richtig, einen Gehaltswunsch zu äußern. Viele haben das Gefühl, dabei etwas Unmoralisches zu tun. Nach dem Motto: „Das kann ich dem Chef doch nicht antun!“ Das ist typisch Frau: Denkt zuerst an andere, wenn's ums eigene Gehalt geht. Denkt an den Chef, die Firma, was die Kollegen von ihr denken – denkt aber an sich selbst zuletzt.

> Die Harmoniefalle: „Ich kann nicht zufrieden sein, wenn alle anderen es nicht auch sind!“

Nicht die bösen Männer oder die frauenfeindliche Gesellschaft verhindern, dass Frauen einen gerechten Lohn bekommen. Natürlich sind viele Männer echte Chauvis und unsere Gesellschaft ist immer noch recht frauenfeindlich. Doch das sind kleine Hemmnisse im Vergleich zur fatalen Wirkung der Harmoniefalle. Die Harmoniefalle und andere typische Frauenselbstsabotage-Strategien sind schuld daran, dass Frauen nicht das verdienen, was sie verdient haben. Falls Sie gelegentlich in diese Fallen tappen – und das passiert jeder, auch mir – wie kommen Sie wieder raus?

Männer sind nicht die schlimmsten Feinde von Frauen

> Indem Sie sich die spontanen und meist unbewussten Gedanken, mit denen Sie sich in diese Fallen manövrieren, bewusst machen und kritisch hinterfragen.

Unbewusste Einstellungen, Befürchtungen, Glaubenssätze und Gedanken können Sie nur so lange aufhalten, wie sie unbewusst sind. Machen Sie sie bewusst und hinterfragen Sie sie kritisch – dann verlieren sie ihre hemmende Wirkung. Kurzformel: Reflektieren und relativieren.
Diese beiden Schritte reichen schon, um hinderliche Gedanken aufzuspüren, zu beseitigen und den Mut zu entwickeln, zum Chef zu gehen, mehr Gehalt zu fordern und sich dabei nicht unterkriegen zu lassen. Diese beiden Schritte machen wir nun gemeinsam für die häufigsten Hemmungen.

„Diejenigen Arbeitgeber und Gewerkschaften, die erkannt haben, dass es in der Tat ein Lohngefälle zwischen Männern und Frauen gibt, wissen nicht, wie sie gegen dieses Problem angehen können." Aus dem Bericht der britischen Equal Opportunities Commission

Machen Sie sich bewusst, was Sie unbewusst hemmt

Stellen Sie sich vor, Sie spielen Monopoly und ziehen die Karte: „Führen Sie sofort ein Gehaltsgespräch mit Ihrem Chef!" Welches Gefühl überkommt Sie spontan? Vermutlich ein ungutes. Was tun Sie mit diesem Gefühl? Die meisten Menschen leiden darunter.

!

Unter einem negativen Gefühl zu leiden ist so ziemlich das Dümmste, was man damit anfangen kann.

Das will das Gefühl auch gar nicht. Wenn Sie genau hinhören, werden Sie bemerken, dass ein negatives Gefühl Ihnen niemals einflüstert „Leide unter mir!". Was belastende Gefühle immer nur sagen wollen ist: „Bitte beachte mich doch endlich!" Das

heißt, Ihr negatives Gefühl fordert Sie einfach zum ersten unserer beiden Schritte auf: Reflektieren Sie!
Wie geht das? Ohne Witz, die meisten von uns haben die Fähigkeit zur bewussten Reflexion verlernt, weil sie so selten bemüht wird. Dabei bedeutet Reflexion in diesem Fall schlicht: Wenn Sie ein *Gefühl* bedrückt, dann finden Sie heraus, welche *Gedanken* dahinter stecken!

z.B

Petra zum Beispiel fühlt beim Gedanken ans nächste Gehaltsgespräch einen Druck in der Magengegend. Bislang hat sie unter diesem hemmenden Gefühl nur gelitten. Jetzt spürt sie in sich hinein und entdeckt nach wenigen Minuten, dass ganz hinten im Hinterkopf leise Stimmen folgende Gedanken äußern: „Das kann ich doch nicht machen! Da geht der Chef sicher die Wand hoch! Außerdem ist das jetzt ein ganz ungünstiger Zeitpunkt!" Diese drei Gedanken lösen bei Petra das Bremsgefühl in der Magengegend und damit die Gesprächshemmung aus.

Die meisten Frauen fühlen solche Hemmungen. Mit diesem Gefühl allein können Sie jedoch herzlich wenig anfangen. Sie brauchen die passenden Gedanken dazu.

Welche Gedanken stecken hinter Ihren hinderlichen Gefühlen? Spüren Sie ruhig einige Minuten nach und notieren Sie:

„→ Gehaltsforderungen [illegible] als Vermerk in der Personalakte" [illegible]

→ draussen warten hundert andere ...

→ Ablehnung zu fordern ist die Abwertung meiner Leistung!

Welche Gedanken haben Sie entdeckt? Was fangen Sie mit diesen an? Sie machen den zweiten Schritt: Sie relativieren sie. Genau das machen wir nun gemeinsam für die häufigsten Hemmungen.

„Was soll der Chef denn von mir denken?"

Haben Sie Gedanken oder haben die Gedanken Sie?

„Wenn ich jetzt mehr Geld möchte, was denkt der Chef dann von mir?" „Wenn ich mehr Gehalt möchte, ist er sicher sauer auf mich!" Eine Menge Frauen lassen sich von diesen Gedanken von Gehaltswünschen abhalten oder so ausbremsen, dass sie ihre berechtigten Wünsche nicht mit dem nötigen Nachdruck verfolgen. Es sind typische Gedanken aus der Harmoniefalle: Ein harmonisches Verhältnis zum Chef fühlt sich irgendwie wichtiger an als mehr Gehalt. Wer schon mal diese Gedanken hatte – oder wie C.G. Lichtenberg sagen würde: Wen diese Gedanken schon mal hatten –, verspürt keine große Lust, nach mehr Geld zu fragen.

„Frauen scheinen in ihrer beruflichen Laufbahn auf größere Schwierigkeiten zu stoßen als Männer, zumindest in Bezug auf den Verdienst." Aus dem EU-Bericht „Beschäftigung in Europa"

Wie kommen Sie aus der Harmoniefalle heraus? Beim Coaching setze ich dafür gerne eine provokative Intervention ein:
Coachee: „Ich würde ja schon gerne ... aber was sagt dann der Chef dazu?"
Coach: „Na vielleicht: Schön, dass Sie mehr Gehalt von mir wollen. Ich wollte ohnehin mit Ihnen darüber reden. Wie viel wollen Sie denn mehr? Ach, nur? Dürfen's auch 500 Euro mehr sein?"
Die meisten Frauen brechen bei diesem Dialog in befreiendes Gelächter aus. Befreiend deshalb, weil sie spontan ihren Irrtum erkennen. Natürlich wird der Chef nicht von Ihrem Gehaltswunsch begeistert sein! Wie soll er denn sonst reagieren? Er ist auch bloß ein Mensch. Also gestehen Sie ihm das Recht zu, wie ein Mensch zu reagieren: erst einmal wenig begeistert. Wären Sie an der Stelle des Chefs/der Chefin, wären Sie zuerst auch nicht begeistert ...

Stellen Sie sich geistig darauf ein, dass der Chef nicht gerade begeistert auf Ihren Gehaltswunsch reagieren wird. Dann verliert das Gespräch schon im Voraus eine Menge von seinem Schrecken und Sie fassen Mut. Rechnen Sie damit, dass der Chef erst einmal mürrisch dreinschaut. Das heißt jedoch noch lange nicht, dass er Sie hasst, unmöglich findet oder nicht mehr lieb hat! Bei Ihnen ist das doch auch nicht anders: Sie ärgern sich doch auch manchmal über Sonderwünsche lieber Menschen, die Sie aber trotzdem noch gern haben. Also, warum soll das beim Chef anders sein?

Die Erfahrung zeigt: Frauen, die damit rechnen, dass der Chef oder die Chefin erst mal wenig begeistert reagiert, trauen sich viel eher und öfter, Gehaltswünsche zu äußern. Das ist die Kraft der Antizipation (geistige Vorwegnahme).

Der große Chef-Irrtum

Dass der Chef Sie nicht mehr lieb hat, wenn Sie mehr Kohle wollen, ist nicht nur falsch, es entspricht sogar dem Gegenteil dessen, was der Chef tatsächlich denkt. Kommt Ihnen bekannt vor? Stimmt, das ist eine typisch weibliche Selbstsabotage-Strategie: Gedankenlesen. Frauen glauben meist ganz intuitiv zu wissen, was der andere denkt. Dieser Instinkt ist oft recht zielsicher. Bei den Gehaltsgedanken des Chefs jedoch liegt er voll daneben.

Ich habe in langen Beraterjahren schon mit vielen Chefs gesprochen und jeder Einzelne hat mir versichert: „Ob sich ein Mitarbeiter oder eine Mitarbeiterin wirklich für die Arbeit engagiert und motiviert bei der Sache ist, erkenne ich auch daran, ob er oder sie das Gehalt einfordert, das seiner oder ihrer Leistung entspricht." Chefs setzen eine Gehaltsforderung oft mit Engagement, Motivation, Karrierebewusstsein, Antrieb und Identifikation mit der Firma gleich.

Wenn Sie zu lange keine Gehaltsforderung erheben, wird der Chef misstrauisch: „Was ist mit der los? Traut die sich nicht mehr zu? Will die uns etwa bald verlassen? Ist die vielleicht schon schwanger?“ Verrückt, nicht? Aber so denken Chefs.

Ein Chef reagiert nie begeistert, wenn Sie mehr Gehalt von ihm wollen. Aber er wird richtig misstrauisch, wenn Sie es *nicht* tun. Ich habe einige Chefs gefragt, was sie von Frauen halten, von denen ich wusste, dass sie recht zurückhaltend mit ihren Gehaltswünschen sind. Das dachten die Chefs über die Frauen: lieb, nett, sympathisch, angenehm, „Arbeitsbiene“, bequem, macht keinen Ärger – eben typisch Frau. Und unterbezahlt.

Die angenehme Frau

Frauen, die sich mit wenig Gehalt zufrieden geben, erscheinen Kollegen und Chefs als fleißig und *angenehm* – das ist die Crux. Wer möchte als Frau schon *unangenehm* erscheinen? Dieses Denken in Gegensätzen ist eigentlich ganz unweiblich. Deshalb sollte es einfach sein, es loszuwerden:
Mehr Gehalt zu fordern heißt nicht automatisch, *unangenehm* zu werden. Sie können auch *freundlich* und *höflich* um eine Gehaltsaufbesserung bitten. Wie im übrigen Leben auch kommt es hier auf die gesunde Balance an: Das Leben ist nie „entweder – oder“. Es ist immer „sowohl – als auch“. Das heißt: Seien Sie angenehm, aber vertreten Sie gleichzeitig Ihre Interessen und Gehaltswünsche. Sie müssen nicht auf den Tisch hauen, rebellieren oder aufmüpfig werden. Es reicht schon, wenn Sie höflich und diplomatisch Ihre Wünsche anmelden. Gegen höflich vorgebrachte berechtigte Wünsche kann niemand ernsthaft etwas haben ...

„Einschlägige Forschungsarbeiten haben ergeben, dass ein Teil des Problems in einer gewissen Selbstgefälligkeit der Arbeitgeber zu liegen scheint: Von sich selbst überzeugt, behaupten Arbeitgeber, dass es bezüglich der Bezahlung von Frauen und Männern keine Diskriminierung gebe, haben aber noch nie geschlechtsdifferenzierende Vergleiche der Durchschnittslöhne und -gehälter angestellt, um herauszufinden, ob es vielleicht doch – möglicherweise unbeabsichtigt – zu Diskriminierungen kommt.“ Aus einem EU-Gleichstellungsbericht

„In diesen harten Zeiten kann ich der Firma das nicht antun!“

Dieser Gedanke ist zwar lieb gemeint, geht jedoch an der wirtschaftlichen Realität vorbei.

z.B

Die Frau als moderner Bürosklave

Nehmen wir als Beispiel Regine. Sie arbeitet seit einem Jahr in einer Hamburger Werbeagentur als Kontakterin. Angefangen hat sie mit der Betreuung eines mittelständischen Firmenkunden. Dann kam der Millionenetat eines Branchenverbands dazu, inzwischen auch ein Großunternehmen. Als sie ihre Überlastung ihrem Bruder klagt, sagt dieser – typisch Mann!: „Du leistest jetzt also das Vierfache gegenüber deiner Anfangszeit – und kriegst immer noch dasselbe Gehalt? Dein Chef ist bestimmt froh, dass er eine so billige Bürosklavin hat!“ Regine klappt der Unterkiefer runter: So hat sie die Sache noch gar nicht betrachtet! Typisch Frau. Nach einigen Wenn und Aber, die sie mit dem weniger zurückhaltenden Bruder bespricht, geht sie zum Chef: „Würden Sie sagen, dass ich jetzt viel mehr Etat betreue als noch vor einem Jahr?“

„Hm, ja, könnte man durchaus sagen." „Ich betreue jetzt gut das Dreifache an Kunden und Projekten als noch vor zwölf Monaten. Aber keine Bange, ich will jetzt nicht das dreifache Gehalt. 500 Euro mehr im Monat reichen mir schon." Der Chef protestiert halbherzig (womit Regine gerechnet hat). Regine lässt sich auf 400 Euro herunterhandeln und berichtet augenzwinkernd dem Bruder: „Mehr wollte ich auch gar nicht!"

Wenn Sie mehr leisten, verdienen Sie auch mehr!

Wenn Sie mehr Leistung bringen, bringen Sie Ihrem Unternehmen auch mehr Umsatz oder Produktivität und haben daher einen legitimen Anspruch auf einen Anteil an diesem Mehr. Es gibt keinen auf der Welt, der Ihnen diesen Anspruch streitig machen könnte. Chefs mögen sich zwar manchmal sträuben, mehr Gehalt rauszurücken, doch keiner würde leugnen, dass es Ihnen zusteht, wenn Sie mehr leisten. Denn Chefs können meist sehr gut rechnen: Sie vergleichen ständig das, was Sie bringen, mit dem, was Sie kosten.

Übrigens: Was außer mehr Leistung berechtigt Sie noch, mehr Gehalt zu fordern?

Haben Sie's geahnt? Mehr Verantwortung, eine zusätzliche Qualifikation, ein neues oder erweitertes Aufgabengebiet, mehr Umsatz, ein erhöhter Arbeitsanfall, wenn Sie die Arbeit von gekündigten Kollegen auch noch mitmachen müssen ... Checken Sie doch mal ab, welche dieser Mehrleistungen Sie in den letzten 12 Monaten erbrachten. Haben Sie Ihren Chef schon mal darauf aufmerksam gemacht und den Wunsch nach mehr Gehalt angemeldet? Wenn nicht: Was hält Sie auf?
Im Jahr 2004, einem angeblichen Rezessionsjahr, stiegen laut Statistischem Bundesamt die Unternehmensgewinne um 10 Pro-

zent, die Löhne und Gehälter um 0 Prozent. Da sage noch einer, es sei kein Geld da für Lohnerhöhungen!

„Was ist, wenn er mir kündigt?“

Ein guter Einwand. Allein deshalb, weil er blanker Unfug ist. Es ist rechtlich ausgeschlossen, jemanden zu kündigen, bloß weil er mehr Gehalt will. Das würde kein Chef wagen, weil er sich damit vor den Kollegen lächerlich machen würde. Die Angst vor der Kündigung ist also typisch weibliche überzogene Panikmache – und deshalb wertvoll. Denn wir können daran etwas Ausschlaggebendes lernen:

> Wenn Sie eine unbestimmte Befürchtung oder latente Panik von einem Gehaltswunsch abhält, dann machen Sie sich diese unbewusste Panik bewusst, um sie abschütteln zu können. Reflektieren Sie.

Sobald Sie sich den Worst Case vorstellen, verliert er seine Macht

Wie das geht? Malen Sie sich den Worst Case, den schlimmsten Fall, in allen grausigen Details aus. Zum Beispiel: Sie fordern mehr Gehalt und der Chef brüllt, hochrot im Gesicht: „Sie sind fristlos gekündigt!“ Sie schmunzeln? Sie kichern? Sie lachen? Dann hat die Übung ihren Zweck erfüllt. Warum? Weil sich Ihr gesunder Frauenverstand wieder einschaltet, den die Panik ausgeschaltet hat.

Der echte Worst Case

Was ist übrigens das Schlimmste, das Sie realistischerweise erwarten können? Dass der Chef Ihren Wunsch ins Lächerliche zieht: „Was leisten Sie denn schon Großartiges?“ Dann listen Sie eben einiges Großartige auf, das Sie leisten (s. Kapitel 3). Was schlimmstenfalls (aber statistisch recht selten) auch passieren könnte: dass der Chef droht. „Da draußen gibt es genug Arbeitslose, die Ihren Job mit Handkuss für die Hälfte Gehalt machen würden!“ Ist das wahr? Nein, das ist ein Bluff. Denn der Chef weiß ganz genau, dass ein neuer Mitarbeiter ein Verlustgeschäft für ihn wäre, selbst wenn der/die Neue weniger Gehalt kriegen würde: Es dauert 12 bis 15 Monate, bis ein Neuer auf 100 Prozent Leistung ist (das nennt man Einarbeitungszeit). Außerdem ist nicht sicher, dass der Neue überhaupt so gut wird wie Sie. Was soll der Bluff also? Der Chef will Sie abwimmeln. Lassen Sie sich abwimmeln? Nein. Sie interpretieren seinen Bluff als Aufforderung zur Verhandlung (s. Kapitel 5).

> Kaum zu glauben: Mit zunehmendem Bildungsniveau vergrößern sich die geschlechtsspezifischen Lohnunterschiede! Die Zahlen des Europäischen Statistikamtes Eurostat zeigen, dass Frauen auf dem niedrigsten Bildungsniveau maximal 78 Prozent des Entgelts von Männern erhalten. Mit abgeschlossener Hochschulausbildung verdienen sie dagegen nur noch 71 Prozent dessen, was Männern bezahlt wird!

„Ich will nicht gierig sein!"

Viele Frauen zögern, mehr Lohn oder Gehalt zu fordern, weil sie denken: „Ich möchte nicht gierig erscheinen!" Was heißt das denn? Dass Sie etwas wollen, das Ihnen eigentlich gar nicht zusteht? Aber im Gegenteil! Wenn Sie mehr Gehalt wollen, sind Sie nicht gierig. Sie bitten lediglich höflich um das, was Sie verdient haben. Das nennt man nicht gierig, das ist selbstbewusst, selbstverständlich und obendrein nur fair und gerecht.

Mehr Gehalt ist nicht gierig, sondern gerecht

Wenn Sie das so betrachten, leuchtet Ihnen das völlig ein? Und trotzdem verspüren Sie noch eine gewisse Hemmung? Das ist normal.

> Dass Sie etwas einsehen, heißt noch lange nicht, dass Sie sofort davon überzeugt sind.

Sie haben Ihre alten, hemmenden Einstellungen und Glaubenssätze viele Jahre (unbewusst) gepflegt. Sie sind Ihnen zur Gewohnheit geworden. Und wie wir alle wissen, können wir alte Gewohnheiten nicht einfach bloß so ablegen, wenn wir erkannt haben, dass sie unnütz sind (fragen Sie jede Raucherin). Bloße Einsicht ändert keine Einstellung. Für jeden Einstellungswechsel ist Einstellungsarbeit nötig. Was ist für diese Arbeit an der eigenen Einstellung nötig? Dass Sie erst einmal erkennen, was hinter hinderlichen Einstellungen steckt. Meist sind das alte Programme aus der Kindheit wie: „Fall nicht auf! Wenn du dich klein machst, wirst du lieb gehabt!" Das kennen Sie auch? Diese Erkenntnis reicht meist schon aus, um das alte Programm zu entlarven und seinen weiteren unbewussten Gebrauch zu verhindern oder zumindest zu erschweren.

Was Sie aufhält, ist nicht real, sondern meist nur ein altes Programm!

Schwimmen lernt man nur beim Schwimmen

Ein Einstellungswandel ist keine ausschließlich kognitive Angelegenheit, kann also nicht allein „im Kopf" vollzogen werden. Ein Einstellungswandel ist immer auch Übungssache. Wichtig ist, dass Sie mit dieser Übung nicht gleich in Gehaltsgesprächen anfangen – das ist für den Anfang eine Nummer zu groß.

Berechtigte eigene Wünsche und Forderungen anzubringen und sich nicht unterbuttern zu lassen üben Sie am besten erst einmal im privaten Umfeld, in der Beziehung, unter Freunden, dann unter Kollegen, dann mit Kunden oder Mitarbeitern – und erst ganz zum Schluss mit dem Chef. Und beim Chef auch nicht sofort in der Gehaltsfrage, sondern zuerst mit anderen Fragen.

Sich mehr zu trauen und nicht gleich aufzugeben ist reine Übungssache. Also üben Sie! Es ist noch keine Meisterin vom Himmel gefallen.

„Was ist, wenn er Nein sagt?"

Frauen bremst die Angst vor Ablehnung

Dass Frauen sich so selten trauen, das zu fordern, was ihnen zusteht, liegt auch an ihrer Angst vor Ablehnung. „Was ist, wenn er Nein sagt?" Um diese Furcht kreisen dann alle Gedanken im Kopf in einer Endlosschleife. Der Verstand legt sich quasi selber lahm. Der Verstand macht das manchmal – das ist nur menschlich.

> Kauern Sie vor Ihrer Angst nicht wie das Kaninchen vor der Schlange. Nehmen Sie Ihre Angst lieber beim Wort!

„Was ist, wenn er Nein sagt?" Beantworten Sie diese Frage einfach – dann verschwindet die Angst. Wenn Sie etwas nachdenken, kommen Sie auf folgende drei Antworten:

1. Wenn er Nein sagt, hat ihn mein Wunsch offensichtlich nicht überzeugt. Also nenne ich ihm gute Argumente, die ihn doch noch überzeugen könnten.
2. Nein heißt nicht Nein – zumindest wenn der Chef es sagt. Wenn der Chef Nein sagt, heißt das lediglich: „Bitte verhandle mit mir! Überzeug mich!"
3. Wenn er sich nicht überzeugen lässt und bei seinem Nein bleibt, kann ich mich immer noch so aus der Affäre ziehen, dass wir beide das Gesicht wahren; zum Beispiel so: „Nichts für ungut. Ich verstehe Ihren Standpunkt. Lassen Sie uns die Angelegenheit vertagen, bis die Sachlage sich geändert hat. Dann komme ich gerne wieder."

Das Sterntaler-Syndrom

„Warum gibt mir der Chef nicht von sich aus eine Gehaltserhöhung? Er sieht doch, wie viel mehr ich leiste!" Wer hätte das nicht schon gesagt oder gedacht? Problematisch wird dieser Gedanke, wenn er zur Gesinnung wird und der Chef in ihrem

Lichte gleichsam zum Übervater stilisiert wird: „Chef, sorg du für mich – ich kann es nicht!" Ich nenne diese passive Erwartungshaltung auch Sterntaler-Syndrom: Das hilflose Frauchen steht halbnackend da, breitet sein Hemdchen aus und wartet darauf, dass ihm jemand die Sterne in den Schoß wirft. Eine durchaus menschliche und verständliche Erwartungshaltung – und soo bequem!

Wie hilflos möchten Sie sein?

Das Problem dabei ist nur: Wie oft sind Ihnen schon ohne eigenes Zutun Sterntaler in den Schoß gefallen? Wie oft ist es Ihnen in Beruf oder Beziehung schon passiert, dass jemand Ihre Gedanken gelesen und Ihre heimlichen Wünsche erfüllt hat? Gewiss, wir träumen alle davon – und manche Beziehung fußt in großem Ausmaß auf dieser illusorischen Hoffnung. Aber genau das ist es auch: eine Hoffnung, die sich nur selten erfüllt.

Von der Hoffnung allein kommt kein Brot auf den Tisch

Passivität und die Hoffnung auf den rettenden Märchenprinzen sind Strategien der Wunscherfüllung, die Frauen zu genau dem machen, was sie nicht sein möchten: passive, hilflose Opfer.

> Wenn Sie einen Sterntaler möchten, greifen Sie selber nach den Sternen! Es ist nur menschlich, sich über Chefs zu ärgern, die nicht das bezahlen, was die Frau wert ist.
> Sich jedoch hinter dieser Empörung zu verstecken bringt Sie nicht weiter!

„Hauptsache die Arbeit ist interessant ..."

„... und das Klima ist gut!" Das ist die Überzeugung vieler Frauen – das Gehalt ist nicht so wichtig. Für Frauen sind Inhalte und Klima bei der Arbeit wichtiger als das Gehalt.

Das ist erst mal eine ganz fantastische Einstellung. Sie sorgt dafür, dass Frauen am Arbeitsplatz mehr leisten und mehr für das Arbeitsklima tun als Männer. Denn für Männer sind Geld, Status, Einfluss und Karriere wichtiger als Klima, Leistung und

Männern ist das Gehalt wichtig, Frauen die Arbeit

Inhalt der Arbeit. Der Nachteil liegt auf der Hand: Wem Gehalt nicht so wichtig ist, fordert auch weniger davon.
Der Irrtum hinter dieser Einstellung liegt darin, dass sie einen Gegensatz unterstellt: gutes Gehalt *oder* gutes Klima. Dieser Gegensatz existiert jedoch nicht. Sie können beides haben! Gerade weil Sie so viel für Inhalt und Klima bei der Arbeit tun, haben Sie es sich auch verdient, entsprechend honoriert zu werden. Das ist nur gerecht. Also stehen Sie ruhig dazu.

Interessieren Sie sich weiter für Inhalt und Klima – aber erkennen Sie auch, dass diese beiden Interessen allein Ihnen nicht automatisch mehr Gehalt bringen. Schaffen Sie eine gesunde Balance: Beginnen Sie, sich zusätzlich mehr für Ihr Gehalt zu interessieren.

Sie sollten rechnen können

Wenn Sie mehr Gehalt wollen, sollten Sie rechnen können: Wenn Sie zum Beispiel 100 Euro netto monatlich mehr haben wollen, wie viel müssen Sie dann brutto fordern? Wenn der Chef statt x Euro mehr Gehalt y Euro Bonus, Prämie, Direktversicherung oder Fahrtkostenzuschuss anbietet, liegt er damit über oder unter Ihrem Wunsch von x Euro mehr netto?
Sie stöhnen innerlich? Dann ist mit Ihnen alles in Ordnung. Selbst Ingenieure, die sich bei der Konstruktion regelmäßig verrechnen, können solche Zahlenspiele rückwärts im Schlaf. Doch viele Frauen haben einen Horror davor. Sie auch? Was sagen Sie dann Ihrem Chef, wenn er einen Gegenvorschlag macht, den Sie nicht nachrechnen können? Sie sagen:

„Ein interessanter Vorschlag. Ich möchte einmal darüber schlafen. Ich sage Ihnen morgen Bescheid.“

Und dann fragen Sie einen Kollegen, der sich damit auskennt. Niemand spricht zwar gern übers eigene Gehalt. Doch wenn Sie einen Kollegen abstrakt fragen, wie man solche Angebote in „netto mehr im Monat“ umrechnet, wird Ihnen jeder Mann mit Handkuss zur Seite stehen. Männer lieben solche Zahlenspielereien. Wenn eine kompetente Kollegin greifbar ist, wäre das natürlich noch besser ...

Und je öfter Sie das machen, desto leichter fällt es Ihnen mit der Zeit, solche Rechenaufgaben selbst zu lösen. Denn wenn die erste Schwellenangst überwunden ist, sind die Zahlenspielereien doch recht einfach. Wenn ein Mann das kann, kann das eine Frau schon lang ...

Rechnen lernt frau nur beim Rechnen

„Das Lohngefälle zwischen Männern und Frauen wird mit zunehmendem Alter größer. In der Altersgruppe der unter 30-Jährigen verdienen die Frauen mindestens 80 Prozent dessen, was die Männer verdienen. In den höheren Altersgruppen verdienen die Frauen nur noch etwa 70 Prozent dessen, was die Männer verdienen.“ Aus einem Eurostat-Bericht

Was trauen Sie sich zu?

Lassen Sie uns ein wenig visualisieren: Stellen Sie sich eine Frau vor, Angestellte oder Arbeiterin, die ein Gehaltsgespräch führen möchte und sich denkt: „Ich weiß, dass der Auftragseingang zur Zeit nicht berauschend ist. Aber im letzten halben Jahr habe ich so viele neue Aufgaben übernommen und diese eine Zusatzqualifikation abgelegt – da muss schon eine kleine Gehaltsaufbesserung drin sein. Immerhin bringe ich dem Unternehmen jetzt auch wesentlich mehr! Meine Arbeitskraft ist viel mehr wert geworden. Ich bin es mir schuldig, nach einer Gehaltsaufbesserung zu fragen!“

Wie hört sich das an? Wie würden Sie diese Frau charakterisieren? Wenn wir diese Übung in Seminaren machen, beschreiben

Teilnehmer wie Teilnehmerinnen diese Frau als selbstbewusst, stark, von sich überzeugt, „traut sich was“, unerschrocken, „holt sich, was sie verdient hat“, „sorgt gut für sich selbst“, „mutig genug, zum Chef zu gehen und mehr Gehalt zu fordern“. Frage: Wie weit sind Sie von diesem inneren Monolog entfernt?

> Ob Sie das verdienen, was Sie verdienen, hängt zu einem großen Teil nicht von Ihrer Leistung, sondern von Ihrem Selbstbewusstsein ab!

Wie kommen Sie dahin, so zu denken wie die Frau, die Sie gerade visualisiert haben? Sie kommen sicher nicht von alleine dorthin, nicht über Nacht, nicht kraft eines Entschlusses, nicht durch reine Willenskraft oder weil der Märchenprinz Sie auf Händen dorthin trägt.

> Wenn Sie ein starkes Selbstbewusstsein haben wollen, dann arbeiten Sie daran.

Das wundert Sie? Das wundert manche. Die meisten glauben, dass man ein gesundes Selbstbewusstsein von Geburt an hat oder irgendwie geschenkt bekommt. Ein moderner Mythos. Nichts liegt der Wahrheit ferner. Von nichts kommt nichts. Selbstbewusstsein bekommt frau nicht geschenkt, frau kann es aber erwerben. Wie?

Das Erfolgstagebuch

Innere Stärke ist Trainingssache

Wer zweimal die Woche ins Fitnessstudio geht, wird mit einer guten Figur, einem starken Herz, straffen Muskeln, einer guten Haltung und mehr Kondition belohnt. Wie man BBP (Bauch, Beine, Po) trainiert, weiß jede Frau. Wie man Selbstvertrauen trainiert, wissen seltsamerweise nur die wenigsten. Obwohl ein gesundes Selbstvertrauen sehr viel wichtiger ist als ein strammer

Quadrizeps. Das liegt natürlich auch daran, dass die männliche Leitkultur sehr viel mehr Wert auf schlanke weibliche Beine als auf selbstbewusste Frauen legt. Die Frage ist nur: Müssen Sie bei diesem fehlgeleiteten Brigitte-Schönheitswahn unbedingt mitmachen?
Ein phantastisches Instrument zur Steigerung der Selbstachtung ist das Erfolgstagebuch.

z.B

Svetlana, eine 47-jährige Personalleiterin in einem Fertigungsunternehmen, sagt: „Die meisten Frauen wissen gar nicht, wie gut sie sind und dass sie schon längst eine Gehaltserhöhung verdient hätten." Bettina, eine ihrer Personalreferentinnen, drückt es deutlicher aus: „Wir sind so damit beschäftigt, besser als die Männer zu *werden*, dass wir gar nicht bemerken, wenn wir es *sind*!"

Wenn Sie ein starkes Selbstbewusstsein haben möchten – tun Sie was dafür!

Das liegt an der selektiven Wahrnehmung. Wenn ein Mann zehnmal am Tag Mist baut und einen Zufallstreffer landet, erinnert er sich am Abend vorzugsweise an diesen Zufallstreffer – und bläst ihn zu dem überragenden Erfolg des Tages auf. Wenn eine Frau zehnmal voll ins Schwarze trifft und einmal daneben liegt, hält sie sich am Abend nur diesen einen Fehlschlag vor. Sie kennen diese unglückliche Tendenz? Sie wissen, wie zerstörerisch sie auf Ihr Selbstbewusstsein wirkt? Dann wird Sie das Erfolgstagebuch retten.

Fragen Sie sich jeden Abend vor einer neuen, leeren A4-Seite: Was habe ich heute alles geleistet? Was ist mir gut gelungen? Sie werden feststellen, dass diese Übung am Anfang mehr Überwindung kostet als eine halbe Stunde Joggen. Legen Sie den Stift erst aus der Hand, wenn Sie mindestens sieben Erfolge aufgeschrieben haben. Schon nach einer Woche können Sie deutlich spüren, wie Ihr Selbstbewusstsein sich in ungeahnte Höhen aufschwingt. Je öfter Sie diese Übung machen, desto eher und öfter bemerken Sie Ihre Erfolge schon dann, wenn Sie sie erringen. Dadurch steigt Ihre Selbstbewusstsein noch stärker.

Frauen sind gut – sie müssen es bloß merken! Je stärker Ihr Selbstbewusstsein, desto eher und öfter trauen Sie sich, das Gehalt zu fordern, das Ihnen zusteht.

Emanzipation? Restauration! Die Differenz zwischen den Einkommen wird nicht kleiner, die Einkommensschere öffnet sich immer weiter. So stiegen zum Beispiel die Einkommen der Österreicher im Jahr 2003 um 1,71 Prozent – die der Österreicherinnen nur um 1,08 Prozent, was eine österreichische Politikerin zu dem Bonmot veranlasste: „Die Verlierer der Globalisierung sind die Menschen in der Dritten Welt – und die Frauen in Europa."

Wer kümmert sich um Ihre Wünsche?

Das Helfer-Syndrom

Frauen wird von Kindesbeinen an eingebleut, für andere da zu sein, ihre eigenen Interessen hintanzustellen, die eigenen Wünsche den Wünschen anderer unterzuordnen. Eine für die Männerwelt sehr nützliche Indoktrination. Sie sorgt dafür, dass Frauen ihre Wünsche nicht anmelden und dass das weibliche Selbstbewusstsein schrumpft. Denn nichts lässt die innere Stärke so schnell abnehmen wie das konsequente Ignorieren eigener Wünsche.

Wenn Sie sich wieder mal dabei ertappen, wie Sie Ihren eigenen Gehaltswunsch den (vermuteten!) Wünschen von Chefs, Kollegen oder Firma unterordnen – reflektieren und relativieren Sie.

nicht meine Wünsche den des Chefs unterordnen!

- ❑ Reflektion: Was läuft hier gerade ab? Welche Wünsche sind erkennbar? Meist sind es eigene Wünsche und die von Chefs, Kollegen ... Wie bewerte ich diese Wünsche? Fremde Wünsche in der Regel höher als eigene.

- ❑ Relativieren: Warum sind seine Wünsche wichtiger als meine? Weil Ihnen darauf keine sinnvolle Antwort einfallen wird, relativieren sich fremde Wünsche automatisch und Ihre eigenen Wünsche werden aufgewertet.

Erwarten Sie keine Wunder. Ein starkes Selbstwertgefühl kommt nicht über Nacht. Es wächst wie eine Rose – mit jedem Gießen und Düngen ein bisschen mehr.

Ein starkes Selbstwertgefühl ist ein Lernprozess: Je mehr Sie dafür tun, desto stärker mehren Sie es – und desto eher trauen Sie sich, Ihre Gehaltswünsche vorzubringen und vor allem auch standhaft durchzufechten!

Ersetzen Sie Einflüsterungen durch Erlaubnisse

Beobachten (reflektieren) Sie mal, was in Ihrem Kopf abgeht, wenn Sie an Ihre nächste Gehaltserhöhung denken. Stimmenwirrwarr? Gut beobachtet. Die Stimmen im Kopf flüstern empört: „Das kannst du doch nicht machen! Das genehmigt er nie! Das traust du dich doch nicht!“ Und so weiter. Was wird in Ihrem Hinterkopf geflüstert?

Niemand kann Ihnen erlauben, was Sie sich selbst verweigern.

Die negativen Einflüsterungen im Kopf sind Gift für das Selbstbewusstsein. Oft genug halten sie Sie davon ab, den Mund aufzumachen und Ihre Wünsche anzumelden. Also hören Sie sich aufmerksam zu – und ersetzen Sie innere Verbote konsequent durch innere Erlaubnisse. Besser: Treten Sie mit der inneren Verbotsstimme in einen inneren Dialog. Furchtsame Einflüsterungen sind wie kleine Schwestern: Sie sind lästig und haben ständig was zu meckern. Doch am schnellsten geben sie Ruhe, wenn Sie sie an die Hand nehmen.

Die Kunst des inneren Dialogs

Inneres Verbot	Innere Erlaubnis
„Das traue ich mich nicht!"	„Jeder Mensch hat ein unveräußerliches Recht, seine Wünsche auszusprechen."
„So wichtig ist mir mehr Gehalt auch nicht!"	„Diese ... Euro mehr – das bin ich mir wert!"
„Was ist, wenn er Nein sagt?"	„Dann gebe ich ihm drei Gründe für ein Ja!"
„Dafür bin ich viel zu nervös!"	„Das macht nichts. Es ist noch kein Gehaltswunsch wegen Nervosität abgelehnt worden. Ich atme bewusst und tief."
„Ich habe das noch nie gemacht!"	„Dann wird es aber langsam Zeit. In deinem Alter ..."
„Mir wäre am liebsten, er würde von sich aus ein Angebot machen."	„Fang endlich damit an, für dich selbst zu sorgen! Wer sollte es sonst für dich tun?"
„Jetzt ist kein guter Zeitpunkt!"	„Wenn nicht jetzt, wann dann?"

Visualisieren Sie!

Stellen Sie sich vor, Sie gehen jetzt sofort zum Chef und fordern eine Gehaltserhöhung:

- ❑ Was fühlen Sie? (Was machen Ihr Puls, Ihr Magen, Ihre Handflächen ...?)
- ❑ Was denken Sie?
- ❑ Wie groß ist Ihr Selbstbewusstsein?
- ❑ Was werden Sie dem Chef sagen?
- ❑ Was sagt Ihre Körpersprache dabei?
- ❑ Was wird der Chef sagen?

Sie entwerfen gerade ein Katastrophenszenario? Dann haben Sie die Aufgabe erfüllt. Selbst wenn Sie gerade keine Katastrophenvorstellung pflegen: Die meisten Frauen sind mit ihrem Verhalten beim Gehaltsgespräch nicht zufrieden. Möchten Sie das ändern? Dann stellen Sie sich vor, Sie sitzen beim Chef in der Ecke und beobachten die beste Business-Lady, die Sie sich vorstellen können, bei deren Gehaltsgespräch:

- ❑ Was fühlt diese wohl? (Das sieht man ihr an!)
- ❑ Was denkt sie wohl?
- ❑ Wie groß ist ihr Selbstbewusstsein?
- ❑ Was sagt sie?
- ❑ Was sagt ihre Körpersprache?
- ❑ Was sagt der Chef zu ihr?

Ein fantastisches Szenario, nicht wahr? Sie würden auch gerne so selbstbewusst und eloquent sein? Dann werden Sie es. Gehen Sie nochmals zurück und notieren Sie ein paar Stichworte bei den Fragen des Idealszenarios, als Merkhilfe. Dann stellen Sie sich vor, visualisieren Sie, dass *Sie* sich nun so selbstbewusst und eloquent verhalten wie die Musterkollegin. Wie fühlt sich das an? Was denken Sie? Gehen Sie die sechs Schlüsselfragen der Visualisierung Schritt für Schritt durch.

Werden Sie Ihr eigenes Idealbild!

Verdrängen Sie die aufkommenden Widerstände nicht, beachten Sie sie, zum Beispiel: „Aber das bin ich nicht! So selbstbewusst bin ich einfach nicht!" Dann schrauben Sie das visualisierte, aber noch nicht passgenaue Selbstbewusstsein eben ein bisschen herunter und visualisieren nochmals. Oder bauen Sie Ihr Selbstbewusstsein auf und visualisieren Sie nochmals. Probieren Sie Ihre Idealvorstellung wie ein Kleid bei einer Schneiderin an: bis es passt.

Sie hören sich nicht die Worte reden, welche die selbstbewusste Kollegin spricht? Dann ändern Sie die Worte so lange, bis sie zu Ihnen passen, und visualisieren Sie nochmals. Machen Sie das so lange, bis der innere Film vor Ihrem geistigen Auge perfekt abläuft. Sie werden eine fantastische Erkenntnis machen: Läuft erst der innere Film, läuft der äußere bald danach auch.
Viele Frauen melden mir ganz erstaunt zurück: „Ich habe im Gehaltsgespräch nicht nur genau das gesagt, was ich visualisiert habe. Sogar der Chef hat fast genau das gesagt, was ich mir vorgestellt habe!" Kein Wunder, denn jede Visualisierung ist eine (geistige) Vorwegnahme der Realität. Gedanken können Berge versetzen – steht übrigens schon in der Bibel. Je öfter Sie vor Ihrem geistigen Auge eine Situation durchspielen, je öfter Sie dabei auch Variationen nach dem Muster „Was wäre, wenn?" simulieren, desto eher meistern Sie die reale Situation im wirklichen Leben mit Bravour. Das ist die formende Kraft des Bewusstseins.

„Wer die innere Realität verändert, verändert die äußere." Eckhart Tolle

Was hindert Sie?

Die R&R-Metatechnik

Sie müssen jetzt gleich zum Gehaltsgespräch mit dem Chef – was schießt Ihnen durch den Kopf? Ist es einer der Sabotagegedanken, die wir in diesem Kapitel behandelt haben? Nein? Macht nichts. Inzwischen können Sie alles, was Sie daran hindert, mehr Geld zu verlangen (eine bessere Beziehung zu führen, sich mehr zuzutrauen ...), aus dem Weg räumen; nämlich mit der R&R-Technik: Reflektieren Sie, was Sie gerade aufhält, und relativieren Sie die Bremsgedanken so lange, bis sie Sie nicht mehr aufhalten. Die R&R-Technik funktioniert bei jedem inneren Hemmnis.

„Mädel, trau dich!"

Mit diesen Worten forderte ein in Ehren ergrauter Mentor einmal seine junge Mentee auf, ihren lange gehegten Gehaltswünschen doch endlich an zuständiger Stelle Nachdruck zu verleihen. Die Aufforderung des Senior-Managers bringt dieses Kapitel auf den Punkt:

> Wie viel Sie verdienen, hängt stark davon ab, wie viel Sie sich zu fordern trauen.

Wie viel Sie sich zutrauen, hängt wiederum davon ab,

- ❑ wie gut Sie die negativen Einflüsterungen und hinderlichen Einstellungen in Ihrem Hinterkopf reflektieren und relativieren und
- ❑ wie gut Sie Ihr Selbstbewusstsein aufgebaut und gepflegt haben.

Ihr Selbstvertrauen ist schon ein wenig stärker als zu Beginn des Kapitels? Dann hat es sich für Sie doch schon gelohnt. Und je öfter Sie sich Ihre hinderlichen Einstellungen vornehmen und an Ihrem Selbstvertrauen arbeiten, desto mehr werden Sie sich auch trauen einzufordern.

2 Wovon Ihr Gehalt wirklich abhängt

You better start swimming
or you'll sink like a stone
for the times they are a'changing.
Bob Dylan

Sie haben es selbst in der Hand

In vielen Ratgebern können Sie lesen, wie wichtig es sei, sich überzeugende Argumente für eine Gehaltserhöhung zurechtzulegen. Das ist ein guter Tipp mit einer bösen Nebenwirkung: Wer diesem Rat folgt, bereitet sich viel zu kurzfristig auf ein Gehaltsgespräch vor.

!

Ein Gehaltsgespräch beginnt lange vor dem Gehaltsgespräch.

Kennen Sie die Voraussetzungen für mehr Gehalt?

Wer bei der Party abends um acht einfach hinreißend aussieht, hat spätestens um halb sieben damit begonnen, sich schick zu machen. Wer mit 40 Jahren eine Superfigur hat, hat schon Jahre davor mit Sport und gesunder Ernährung begonnen. Wer mit 65 eine gute Rente bekommt, hat bereits Jahrzehnte davor mit seiner Altersvorsorge *die Voraussetzungen* für einen geruhsamen Ruhestand geschaffen. Bei Party, Figur und Rente sind uns *die Voraussetzungen* für Erfolg wohl bekannt – bei Gehaltsgesprächen weniger.

!

Wer sät, der erntet. Wer die Voraussetzungen für mehr Gehalt schafft, kriegt es auch.

Das ist für viele Menschen überraschend. Sie glauben, dass allein der Chef bestimmt, wer mehr Geld kriegt und wer nicht. Dabei haben sie es selbst in der Hand. Die Voraussetzungen für mehr Gehalt werden nicht im Gehaltsgespräch gelegt, sondern lange davor. Schaffen Sie die Voraussetzungen für mehr Gehalt selbst. Welches sind die Voraussetzungen?

„Managern ist unter Umständen nicht einmal bewusst, dass sie dazu neigen, mit Männern individuell höhere Vergütungen auszuhandeln.“ Aus: „Gleichstellung von Frauen und Männern“, Magazin Nr. 11 der Europäischen Union

Der Leistungs-Irrtum

Die meisten Menschen halten ausschließlich Leistung für die Voraussetzung für (mehr) Gehalt. Das ist leider nicht richtig. Betrachten wir ein Beispiel.

z.B

Vera und Karl wollen beide eine Gehaltserhöhung, weil beide im letzten Jahr ein nicht unbeträchtliches neues Aufgabengebiet übernommen haben. Beide führen diese Leistungssteigerung im Gehaltsgespräch an. Karl kriegt brutto 100 Euro mehr, Vera 75 Euro. Total ungerecht? Benachteiligung der Frau? Unerhört? Der Vorgesetzte rechtfertigt seine Entscheidung: „Der Karl ist über das neue Aufgabengebiet hinaus viel engagierter bei der Arbeit!“

Chefs sind nicht objektiv

Stimmt das? Natürlich nicht. Rein objektiv betrachtet leistet Vera mehr als Karl. Das Problem ist jedoch: Der Chef betrachtet die Angelegenheit nicht rein objektiv, weil er kein Objekt ist. Er ist ein Subjekt, deshalb betrachtet er die Sache subjektiv:

> Ihr Gehalt wird nicht davon bestimmt, wie *gut* Ihre Leistung ist, sondern wie *transparent* sie ist, das heißt wie *engagiert* Sie *erscheinen.*

Leistung und Engagement sind nicht dasselbe

Es ist zwar wichtig, *was* Sie leisten. Doch *wie* das beim Chef ankommt, ist viel wichtiger. Warum bekommt Karl mehr Kohle als Vera? Weil er allein im letzten Quartal fünf Präsentationen vor dem Chef hielt und sich in jedem Meeting gut doppelt so oft zu Wort meldet wie Vera. Was hat das mit seiner Arbeitsleistung zu tun? Nicht das Geringste. Aber er hat damit eine viel größere Präsenz beim Chef, zeigt sich einfach engagierter. Oder schlicht: Er fällt damit stärker auf als Vera, die der Chef eher als Mauerblümchen wahrnimmt. Und Mauerblümchen kriegen selten mehr Gehalt.

> Da Chefs keine professionell geschulten Bewertungsrichter sind, verwechseln sie häufig Auffälligkeit mit Leistung.

Nicht der beste Mitarbeiter kriegt das meiste Gehalt, sondern der auffälligste. Und sagen Sie bloß nicht, dass das gemein sei. Denn als Frau benutzen Sie sicher hin und wieder Ihre weibliche Attraktivität, um Eindruck zu machen, um im besten Sinne aufzufallen. Also lassen Sie uns darangehen, Ihre Attraktivität in Gehaltsfragen zu erhöhen.

> Wenn Sie mehr Gehalt möchten, reicht es nicht, Ihre Leistung zu steigern. Sie sollten auch Ihre Präsenz, also Ihr wahrnehmbares Engagement, steigern. Leistung allein reicht leider nicht für mehr Gehalt.

Männer sind einfach attraktiver

Männer sind begnadete Selbstdarsteller

Was das Gehalt angeht, sind Männer für Vorgesetzte einfach attraktiver als Frauen. Attraktion kommt vom Lateinischen attrahere – heranziehen, an sich ziehen, im Sinne von: den Blick auf sich ziehen. Männer ziehen die Blicke von Vorgesetzten („Guck mal, Papa!") pausenlos auf sich, indem sie – meist unbewusst – ständig „Ich" und „Hier" rufen, mit ihren (kleinen) Erfolgen prahlen und praktisch ohne Unterbrechung Selbstdarstellung betreiben. Frauen finden das protzig, angeberisch und unfein.

Was machen Frauen in der Zeit, in der Männer mit ihrer Selbstdarstellung ideale Voraussetzungen für Gehaltserhöhungen schaffen? Sie machen ihre Arbeit – und nicht selten die Arbeit der Männer mit, die ihrer Arbeit nicht nachkommen können, weil sie viel zu sehr mit ihrer Selbstdarstellung beschäftigt sind. Kommt Ihnen ziemlich bizarr vor? Der moderne Kapitalismus hat eben seinen eigenen Charme.

Warum arbeiten Frauen nicht im selben Maße an ihrer Gehaltsattraktivität? Nicht nur, weil sie mit Arbeit beschäftigt sind. Auch die Frisur spielt eine Rolle.

Mode, Figur, Frisur

Neulich saß ich im ICE von Leipzig bis Fulda einer adretten, etwa 28-jährigen Dame im gepflegten Kostüm gegenüber. Ich hatte „managerseminare" und das *Handelsblatt* dabei, sie eine bekannte Frauenzeitschrift. Auf dem Titel das Übliche: Diäten, Frisuren, Mode. Am liebsten hätte ich gesagt: „Darf ich mal, wenn Sie fertig sind?" Während ich mir diesen Impuls verkniff, wurde mir schlagartig der kleine Unterschied bewusst:

!

> Frauen interessieren sich für Mode, Frisur, Diäten und Beziehungen. Männer für Gehalt, Business, Status, Einfluss.

Deshalb haben wir die besseren Frisuren und Männer mehr Gehalt. Jeder kriegt das, wofür er sich stärker interessiert. In der Zeit, in der die adrette junge Frau den Artikel über Power-Yoga las, hat ihr Kollege und unmittelbarer Konkurrent um die nächste Gehaltserhöhung möglicherweise die *Financial Times Deutschland* oder die *FAZ* gelesen. Ich möchte keine *Brigitte*-Leserin verunglimpfen – ich lese sie ebenfalls beim Frisör oder im Wartezimmer.

Doch ich habe immer auch meine Fachliteratur dabei. Wer die Voraussetzungen für mehr Gehalt schafft, kriegt auch (eher) mehr Gehalt. Verzichten Sie auf keinen Fall auf die neueste *Cosmo*, *Freundin* oder *Glamour*. Aber sorgen Sie für eine gesunde Balance. Auch Männer lesen *Playboy*, *Men's Health* oder das *Motormagazin* – doch sie wissen auch, was in *Spiegel*, *Handelsblatt* oder *Wirtschaftswoche* steht. Wer mehr Gehalt will, sollte sich zumindest für das Business und sein Drumherum interessieren, das ihm das Mehr bezahlen soll.

„Eine neu eingestellte Frau erhält unter Umständen für dieselbe Tätigkeit ein geringeres Gehalt als ein Mann, der zum gleichen Zeitpunkt beim selben Arbeitgeber eine Beschäftigung antritt. Auch bei Beförderungen, Berufsbildungsmaßnahmen und Lehrlingsausbildungen, die sich ebenfalls auf das Entgelt auswirken, ist festzustellen, dass Frauen benachteiligt werden." Aus einem EU-Gleichstellungsbericht

Der IBM-Effekt

Sie haben das Gefühl, dass Sie mehr Gehalt verdient hätten? Dann lassen Sie uns das kurz überprüfen. Wir benötigen dafür nur eine einzige Frage. Was, glauben Sie, ist ausschlaggebend dafür, wie viel Gehalt eine(r) bekommt? Wenn Sie ein ehrliches Ergebnis wollen, notieren Sie Ihre Antwort kurz:

____

Würde Gehalt nach Leistung oder Verantwortung gezahlt, dann hätten Mütter, Lehrer und Seelsorger das dickste Gehalt

Die meisten Frauen schreiben etwa: „wie gut jemand seine Arbeit macht" oder „welche Leistung jemand bringt" oder „wie viel Verantwortung einer trägt". Haben Sie auch notiert? Dann lassen Sie uns die Frage vereinfachen: Welcher der drei folgenden Faktoren ist langfristig ausschlaggebend für Lohn oder Gehalt eines Menschen?

❑ A) seine Arbeitsleistung
❑ B) sein Image in der Firma
❑ C) sein Bekanntheitsgrad beim Vorgesetzten

Wo steht Ihr Kreuz? Als Trost: Diese Frage können die wenigsten Menschen richtig beantworten – Männer jedoch signifikant häufiger. Die Frage wurde in einer US-Studie beim IBM-Konzern empirisch erhoben. Das Ergebnis bezog sich auf die Wahrscheinlichkeit, befördert zu werden, und kann auf die Gehaltshöhe übertragen werden. Demnach hängt das Gehalt eines Menschen

In der Leistungsgesellschaft spielt Leistung keine Rolle

1. nur zu lächerlichen 10 Prozent von seiner persönlichen Arbeitsleistung ab. Schockierend, nicht wahr?
2. zu 30 Prozent von seinem Image in der Firma ab. Das heißt: Ihr Image ist für Ihr Gehalt *dreimal wichtiger* als Ihre Leistung!
3. zu 60 Prozent vom Bekanntheitsgrad beim Vorgesetzten.

Die meisten Menschen denken, dass es gerade umgekehrt ist: Leistung ist viel wichtiger als Image oder Bekanntheit! Warum bezahlt der Chef nach Bekanntheit?

Präsenz ist lukrativer als Leistung

> Mitarbeiter, die der Chef stärker wahrnimmt, befördert er eher und bezahlt er besser.

Das ist keine böse Absicht, sondern menschliche Eigenart: Je öfter wir etwas sehen, desto bedeutsamer wird es für uns. Deshalb das Sprichwort: Aus den Augen, aus dem Sinn. Wen der Chef nicht oft genug sieht, warum sollte er dem/der mehr Gehalt geben? Das macht für ihn keinen Sinn. Die überproportionale Präsenz eines Mitarbeiters erweckt beim Chef den Eindruck, dass dieser Mitarbeiter überproportional engagiert, erfolgreich, motiviert und leistungsstark ist – zumindest leistungsstärker als die „unsichtbare" Frau. Frauen sind zu wenig sichtbar, um mehr zu verdienen. Wollen wir das ändern?

Steigern Sie Ihre Präsenz!

Im Folgenden diskutieren wir einfache Maßnahmen, mit denen Sie Ihre gehaltssteigernde Präsenz erhöhen können – ohne sich zu verbiegen. Beginnen wir mit etwas Alltäglichem:

> Melden Sie sich auf Meetings öfter zu Wort. Studien zeigen, dass Männer sich in Meetings im Schnitt doppelt so oft zu Wort melden wie Frauen. Sie müssen Ihre Wortmeldungen nicht gleich verdoppeln. Aber steigern Sie sie fürs Erste doch mal um 10 Prozent.

Klingt wie ein einfacher Tipp, doch die meisten Frauen haben Probleme, ihn umzusetzen – die geringe weibliche Wortmeldungsquote muss ja von irgendwoher kommen. Wo das Problem liegt, zeigen zwei häufige Zwischenmeldungen in meinen Seminaren:

Männer sind auf Meetings echte Plappermäuler

„Aber Männer reden doch auch viel Unproduktives!"
Wenn Männer dummes Zeug reden, reden Sie dann auch dummes Zeug? Reden Sie eben über etwas Sinnvolles – es gibt schließlich genug davon. Was? Sinnvolle Wortmeldungen auf Meetings (und im Vier-Augen-Gespräch) sind generell:

- ❏ Der Stand der Dinge einer Ihrer aktuellen Aufgaben oder Projekte. Wie die Dinge stehen, interessiert nun wirklich jeden, wenn Sie nicht ausschweifend wie ein Mann plappern, sondern kurz, knapp und konkret informieren. Informationen finden alle Menschen nützlich.

Jeder Erfolg ist der Rede wert!

- ❏ Noch viel interessanter sind vor allem für den Chef Ihre Erfolge. Denn Ihre Erfolge sind seine Erfolge: Wo ging es seit dem letzten Meeting in einem kleinen Punkt vorwärts? Und behaupten Sie bitte nicht, dass bestimmte Erfolge „nicht der Rede wert“ sind, weil sie angeblich zu klein seien.
- ❏ Bestätigungen des Gesagten. Die hört nun wirklich jeder gerne, weil sich jeder Mensch gerne bestätigt sieht.

Warum Frauen den Mund nicht aufkriegen

Übung macht die Meisterin

Wenn Sie bei obigen drei Checkpunkten halblaut im Kopf bereits Mustersätze formuliert haben, überspringen Sie bitte diesen Abschnitt. Aus jahrelanger Erfahrung in Trainings und Coachings weiß ich jedoch: Die meisten Frauen haben Probleme mit Wortmeldungen in Meetings. Eben weil sie sich so selten melden! Fehlt die Übung, ist frau oft buchstäblich sprachlos. Sie weiß, was sie sagen möchte, aber sie kann es nicht formulieren. Dem helfen wir jetzt ab. Dafür entschärfen wir zunächst eine Bombe:

> Verlassen Sie sich zu Beginn niemals auf Ihre spontane Wortmeldung: „Ich sag an geeigneter Stelle dann schon was!“

Denn wenn man sich jahrelang zu wenig gemeldet hat, funktioniert die Spontaneität nicht besonders gut. Sie werden sich dabei ertappen, wie die „geeignete Stelle“ kommt und geht – und Sie haben wieder nichts gesagt! Deshalb:

Legen Sie sich vor jedem Meeting eine Liste mit acht bis zwölf Punkten zurecht, zu denen Sie über Ihr übliches Maß hinaus diesmal etwas sagen möchten.

Seien Sie nett zu sich – wer sollte es sonst für Sie sein?

Nehmen Sie sich das ernsthaft vor – und seien Sie hoch zufrieden mit sich, wenn Sie auch nur die Hälfte dieser Punkte ansprechen. Belohnen Sie sich dafür.

„Nun ist das 21. Jahrhundert angebrochen und immer noch werden Frauen generell schlechter bezahlt als Männer, selbst in den Mitgliedstaaten, in denen die Gleichstellung am weitesten vorangeschritten ist." Laurette Onkelinx, belgische Vizepremierministerin

Musterformulierungen

Angenommen, Sie haben die Liste Ihrer geplanten Wortmeldungen aufgestellt – wie formulieren Sie im Meeting die einzelnen Punkte? Wie wäre es mit folgenden Musterformulierungen – als Anregung selbstverständlich, nicht als Kopiervorlage. Wandeln Sie die Formulierungen so ab, dass Sie zu Ihnen passen:

Informieren: kurz und knapp

- ❑ Stand der Dinge: „Weil mein Projekt X auch für den Rest der Firma von Interesse ist, möchte ich Sie kurz über den Stand informieren. Das Design ist gestern freigegeben worden. Es hat jetzt den angestrebten Luftwiderstandsbeiwert. Wir liegen voll im Plan." Das hört jeder gerne, denn das ist sachlich, informativ und knapp.
- ❑ Erfolge ansprechen: „Der Kunde ist total begeistert von unserem neuen Getriebe. Er hat gemeint, dass er solche Projekte nur noch mit uns machen möchte. Ich denke, das ist ein schöner Erfolg für die Firma." Lächelt der Chef danach wie ein gestilltes Baby? Darauf können Sie wetten.

❑ Bestätigen: „Herr Meier, das ist ein hoch interessanter Vorschlag. Ich unterstütze das vollinhaltlich." Meier schwillt der Kamm und der Chef sieht, dass Sie voll mit dabei sind.

Frauen sind viel zu bescheiden

Eingängige Formulierungen, nicht wahr? Was haben Sie dabei gefühlt? Die meisten Frauen fühlen einen latenten inneren Widerstand, wenn sie solche Sätze lesen. Geht man, zum Beispiel im Coaching, auf diese gehaltsverhindernden Widerstände ein, sagen Frauen: „Aber ich möchte doch nicht angeben, mich so in den Vordergrund spielen." Frage: Wenn Sie jemanden über etwas informieren, das ihn interessiert, geben Sie dann an? Wenn Sie ihn nicht informieren würden und ihm diese nützliche Information fehlen würde, hätten Sie ihm dann etwa einen Gefallen getan? Wenn Sie über einen Erfolg Ihrer Arbeitsgruppe berichten, einen Erfolg, welcher der Firma gut tut, spielen Sie sich dann in den Vordergrund? Sicher nicht. Sie spielen Ihre Gruppe oder die Firma in den Vordergrund.

> Nehmen Sie alle inneren Hemmungen ernst. Fragen Sie sich: Warum fühlt sich das so komisch an? Weil es tatsächlich negative Konsequenzen hätte? Oder weil es schlicht ungewohnt ist?

Wer den Mund aufmacht, kriegt mehr Gehalt

Unnötig zu sagen, dass es in der Regel zweiteres ist: Das Gefühl trügt meist. Das unangenehme Gefühl, das Sie vor einer vermehrten Wortmeldung im Meeting verspüren, ist keine Warnung vor Gefahr, sondern zeigt lediglich an, dass es für Sie bislang ungewohnt ist, den Mund aufzumachen. Je öfter Sie sich zu Wort melden, desto schwächer wird das Gefühl und desto mehr Spaß bekommen Sie dabei. Vor allem wenn Sie sehen, wie positiv alle anderen darauf reagieren – und um wie viel leichter es Ihnen fällt, ein Gehaltsgespräch zu führen, wenn Sie vorher in Meetings verstärkt den Mund aufgemacht haben.

Das Radfahrer-Ritual

Die rituelle Anbetung des Alphatieres

Was machen Sie nach Ende eines Meetings? Sie stehen nicht dumm herum, sondern gehen schnellstmöglich an Ihre Arbeit zurück? So machen es die meisten Frauen. Ist Ihnen schon aufgefallen, was die meisten Männer machen? Sie versammeln sich regelmäßig ums anwesende Alphatier und fahren Rad: „Tolle Präsentation!" „Ganz meine Meinung!" „Das sage ich schon lange!"

Frauen halten das für durchsichtig und anbiedernd. Das ist es auch. Was es auch noch ist: gehaltsfördernd. Mitarbeiter, die beim Chef präsenter sind, können Gehaltsforderungen leichter durchsetzen. Einer Frau, die nach jedem Meeting sofort zur Tür raus hetzt und ihm nicht ihre Aufwartung macht, bezahlt kein Vorgesetzter gerne mehr Gehalt.

Sie wollen dem Chef aber nicht Honig ums Maul schmieren? Wer hat das denn verlangt? Seien Sie einfach präsent! „Aber dafür habe ich nicht die Zeit, ich habe Wichtigeres zu tun! Meine Arbeit wartet!" Dann lassen Sie sie eben fünf Minuten warten. Mehr brauchen Sie nicht. Diese fünf Minuten holen Sie nachher locker auf. Außerdem sind die Minuten gut investiert: In diesen fünf Minuten tun Sie mehr für Ihren Gehaltswunsch als in fünf Stunden bei Ihrer „eigentlichen" Arbeit. Dahinter steht immer die Frage: Was wollen Sie? Die Firmensklavin spielen oder mehr Gehalt?

Müssen Sie in den fünf Präsenzminuten so schleimen wie ein Mann? Nein. Warum nicht? Weil Sie kein Mann sind. Geben Sie wie eine Lady Feedback: freundlich, charmant, souverän, sachlich, zum Beispiel:

- ❑ „Danke, dass Sie solche klaren Worte in Sachen Kundenorientierung fanden!"
- ❑ „Ich wusste gar nicht, dass der Deckungsbeitrag 4 von Produktgruppe X so gut ist!"
- ❑ „Ich fand Ihre Darstellung des Produktlebenszyklus sehr anschaulich. Können Sie mir eine Kopie davon geben?"

Bei diesen ein, zwei Sätzen Feedback fällt Ihnen sicher kein Zacken aus der Krone – aber Ihre Gehaltsaussichten steigen sichtbar (was Sie am Gesicht des Alphatiers ablesen können). Notieren Sie sich *während* des Meetings, was Sie *nach* dem Meeting rückmelden wollen. Sonst haben Sie es danach womöglich vergessen.

„Bereiten Sie Ihre Tochter auf das Berufsleben vor. Geben Sie ihr weniger Taschengeld als Ihrem Sohn!" Slogan einer britischen Gleichstellungskampagne

Übernehmen Sie Renommier- und Chefprojekte

Manche Projekte und Aufgaben haben eine größere Gehaltswirksamkeit als andere.

z.B

Juttas Chef beispielsweise redet immer mal wieder davon, dass „unsere strategische Planung simulationsfähig werden muss". Juttas Kollegen sagen: „Wer hat ihm denn diesen Floh ins Ohr gesetzt? Der soll uns damit bloß in Ruhe lassen! Wir haben schon genug zu tun." Jutta auch. Trotzdem bietet sie dem Chef an, in Sachen Simulation eine Markterkundung vorzunehmen. Der Chef nimmt den Vorschlag mit einem dankbaren Lächeln an. Jutta sagt: „Dem Chef sein Steckenpferd hält mich zwar von meiner eigentlichen Arbeit ab – doch dafür habe ich jetzt bei ihm einen Stein im Brett. Er ist mir was schuldig."

Welche Projekte können Sie übernehmen, die nicht nur Ihre Arbeit, sondern Sie ganz persönlich weiterbringen? Wo könnten Sie dem Chef einen Gefallen tun? Welches seiner Steckenpferde könnten Sie reiten? Halten Sie die Augen offen! Was dem Chef viel wert ist, das belohnt er auch stärker.

Präsentieren Sie!

Männer sind am Arbeitsplatz präsenter als Frauen. Das gilt auch für die Musterveranstaltung der Präsenz, die Präsentation: Männer präsentieren öfter als Frauen. Was verrückt ist. Denn in meinen Präsentationsseminaren stellt sich mit schöner Regelmäßigkeit heraus, dass die Teilnehmerinnen besser präsentieren als die Teilnehmer – was die männlichen Teilnehmer auch unumwunden zugeben.

Frauen präsentieren besser, aber Männer präsentieren öfter

Präsentieren Sie! Trauen Sie sich! Denken Sie daran, dass Sie es bestimmt besser können als die Kollegen – auch wenn Sie sich zu Beginn unsicher fühlen. Das legt sich in dem Maße, wie Sie Spaß dabei bekommen und den Erfolg miterleben. In vielen Unternehmen wird gemunkelt, dass man mit einer einzigen gelungenen Präsentation mehr für sein Gehalt tun kann als mit einem halben Jahr guter Arbeit.

Da es vielen Frauen aufgrund ihrer Angst vor „öffentlichen" Auftritten häufig sehr schwer fällt, ihre Hemmungen vor Präsentationen zu überwinden, helfen in hartnäckigen Fällen oft ein, zwei Coaching-Sitzungen.

> „Die Tarifpartner schenken dem Lohngefälle zwischen Männern und Frauen zu wenig Beachtung. Das liegt wohl daran, dass Tarifverhandlungen auf beiden Seiten vor allem von Männern geführt werden." Miet Smet, Mitglied des Europäischen Parlaments

Beraten Sie den Chef!

Jeder Chef hat seine Lieblingsthemen und Steckenpferde. Spricht der Boss eines dieser Themen an, schütteln viele Mitarbeiter reflexhaft den Kopf und denken (oder tuscheln): „Was soll das denn? Wer braucht das? Der soll sich um seine Arbeit kümmern!" Sagen Sie das nicht. Geben Sie dem Steckenpferd vom Chef lieber Futter.

Versorgen Sie Ihren Chef mit allen Informationen, die Sie zu seinen Faibles finden.

Selbst wenn der Chef eine spezielle Info schon hat – er freut sich, dass Sie an ihn denken. Er nimmt Sie wahr. Und je öfter er das tut, desto eher genehmigt er Ihren nächsten Gehaltswunsch.

z.B

Angelikas Chef redet seit einigen Wochen immer mal wieder davon, dass die betriebliche Planungssoftware eigentlich simulationsfähig sein sollte. Keiner weiß so recht, was er damit meint oder was das sein oder kosten soll. Keinen interessiert das auch – denn jeder hat schon genug zu tun. Nur Angelika gibt sich einen Ruck. Sie googelt eine halbe Stunde und holt danach Info-Material von zwei Anbietern von Simulationssystemen ein, das sie dem Chef mit ein paar begleitenden Erläuterungen persönlich übergibt. Der Chef ist von den Socken und erwähnt im nächsten Meeting, dass Angelika „in diesem Laden anscheinend die Einzige ist, die mitdenkt". Angelikas Fazit: „Kleine Mühe, großer Ertrag." Es liegt auf der Hand, dass der Chef einer Mitarbeiterin, die er derart lobt, eher einen Gehaltswunsch erfüllt als den Kollegen, denen seine Wünsche offensichtlich egal sind.

Nehmen Sie die Interessen Ihres Chefs ernst. Wenn er zum Beispiel Dinge sagt wie „Das würde mich auch mal interessieren ... " oder „Ich wüsste nur zu gern, warum ... ", dann gehen Sie los und recherchieren seine Frage. Es soll nicht Ihr Schaden sein.

Spezialisierung und neue Felder

Warum sollte der Chef einem Mitarbeiter mehr Gehalt zahlen, der sich in nichts von anderen Mitarbeitern unterscheidet? Das macht keinen Sinn. Eine übertarifliche Gehaltserhöhung kriegen grundsätzlich nur jene Mitarbeiter, die mehr leisten als andere, die diese Mehrleistung transparent machen oder die sich unentbehrlich machen. Das alles schaffen Sie, indem Sie sich auf einem (zusätzlichen!) Aufgabengebiet Spezialwissen aneignen oder neue, zusätzliche Aufgabenfelder suchen.

z.B

Jutta beispielsweise ist Inhouse-Trainerin bei einem Pharma-Unternehmen in einer deutschen Großstadt. Als ihr Chef einen Workshop zum Thema Story-Management wünscht, ist sie die Einzige, die kurzfristig liefern kann: Sie hat sich schon vor Monaten in das Thema eingearbeitet, während die Kollegen „Besseres zu tun" hatten. Weil der Workshop super ankommt, darf sie auch gleich dem Vorstand präsentieren. Eine Woche später genehmigt der Chef die Fahrtkostenübernahme durch die Firma, die Jutta schon lange beantragt hatte. Die Firma bezahlt nun ihre Jahreskarte für den öffentlichen Nahverkehr. Jutta schmunzelt: „Wenn nach jeder Vorstandspräsentation etwas rausspringt, präsentiere ich doch gerne!"

Schon im ersten Berufsjahr verdienen Frauen weniger als Männer. Nach einer Studie des Nürnberger Instituts für Arbeitsmarkt- und Berufsforschung (IAB) bekommen Tischlerinnen nur 90 Prozent des Einstiegsgehalts ihrer männlichen Kollegen, Kfz-Mechanikerinnen 91 Prozent und Malerinnen immerhin 96 Prozent des Männereinkommens.

Sind Sie eine Zicke?

Zicken kriegen weniger Gehalt

Wissen Sie, was Ihr Chef von Ihnen hält? Studien zeigen, dass unterbezahlte Frauen auch deshalb unterbezahlt sind, weil ihre Chefs sie für Zicken halten. Noch erstaunlicher ist, dass in den meisten Fällen die Chefs das auch durch die Blume zu verstehen geben – die „Zicken" jedoch taub sind für Signale wie:

- „Frau Meier, Ihnen kann ich es wohl nicht recht machen!"
- „Sie lassen auch kein gutes Haar an einer neuen Idee."
- „Was haben Sie daran nun wieder auszusetzen?"

Die so angegriffenen Frauen rechtfertigen sich danach im Kreis der Kolleginnen meist mit: „Ich bin die Einzige in diesem Laden, die seine Hirngespinste auf den Boden der Tatsachen runterholt." Das mag sein – aber das kommt beim Chef offensichtlich schlecht an. So schlecht, dass er sich beim Gehalt revanchiert.

Was macht in den Augen der Männer eine Bürozicke aus? Unter anderem das Verhältnis von Anerkennung zu Abwertung. Bei Zicken liegt es – meist völlig unbewusst – etwa bei 20:80. Wenn die Bürozicke zehnmal den Mund aufmacht, macht sie dabei achtmal eine Idee oder Leistung eines anderen nieder. So haben Sie das noch nie gesehen? Wie ist denn Ihr Verhältnis? 50:50 sind Minimum, 60:30 sind besser.

Reicht es, keine Zicke zu sein?

Frechen Frauen ist es zu wenig, lediglich keine Zicke zu sein. Sie gehen einen Schritt weiter. Insbesondere von Assistentinnen und Sekretärinnen können Sie diesbezüglich lernen.

z.B

Theresa ist Teamassistentin in einem Ingenieurteam. Sie sagt: „Ich verdiene weit über Tarif und das habe ich nur zum Teil meiner Leistung zu verdanken. Meine Präsenz ist da viel wichtiger. Ich weiß, dass meine Jungs laufend Streicheleinheiten brauchen. Ich gebe positives Feedback, wo ich kann. Wenn ich auf Mängel hinweise, dann mache ich das stets vorwurfsfrei und mit einem charmanten Lächeln. Ich nenne das mein Service-Lächeln. Mit schwierigen Ingenieuren führe ich manchmal richtige Gutwetter-Gespräche, in denen ich einfach nur die guten Ideen des Miesepeters lobe. Ich bin inzwischen Spezialistin für Kompetenzbestätigungen und Loyalitätsbekundungen – und ich fahre sehr gut damit. Mir kann keiner so leicht einen Wunsch abschlagen.“

Ein gut gepflegter Chef gibt mehr Gehalt. Womit bauen Sie Ihren Chef auf? Haben Sie Ihren Chef heute schon gepflegt? Was gut gepflegt wird, das macht auch viel Freude. Das gilt fürs Tafelsilber genauso wie für den Chef.

Ein Ekel als Chef

Den Chef pflegen, damit er mehr Gehalt gibt? Schön und gut. Aber was ist, wenn der Chef ein Ekel ist? Dann spricht er umso besser auf gute Pflege an!

„Man sollte die Welt so nehmen, wie sie ist, aber nicht so lassen.“ Ignatio Silone

Ein Ekel als Chef verdient Ihr Mitleid. Denn wer als Chef seinen Unmut an seinen Mitarbeitern auslässt, muss wirklich arm dran sein.

Also reagieren Sie nicht mit Unmut auf arrogante, übellaunige oder ungerechte Chefs, sondern mit Mitleid. Je griesgrämiger ein Chef, desto dankbarer wird er sich zeigen, wenn Sie sich nicht von seiner Griesgrämigkeit beeindrucken lassen und einfach unbeirrt freundlich und zuvorkommend sind. Irgendwann taut er auf, wird moderater, umgänglicher. Das macht etwas Arbeit – doch was ist die Alternative? Den schlimmen Chef gequält ertragen? Das hält nur eine Masochistin aus!

Die schleichende Progression

Viele Frauen klagen darüber, dass sie vom Chef immer mehr aufgeladen bekommen, dass die Arbeitsbelastung ständig wächst. Aber wenn ich sie frage, wann sie denn das letzte Mal mehr Gehalt gefordert haben, ernte ich Schweigen.

Lassen Sie sich nicht passiv immer noch mehr aufladen. Lassen Sie sich gerne mehr aufladen – fordern Sie dann auch mehr ein.

Deshalb ist es wichtig, jede heimliche Progression Ihrer Arbeitsbelastung in Ihrem Leistungstagebuch zu notieren. Spätestens wenn die zweite Zusatzbelastung anfällt, können Sie den nächsten Gehaltswunsch anmelden. Auch wenn das Überwindung kostet – es steht Ihnen zu. Und im Grunde weiß das auch jeder Chef.

Sie weiss, dass sie sich auf die Ausführung der mit übertragenen Aufgaben verlassen kann, das bedeutet mehr Verantwortung, die es wert ist bezahlt zu werden

Fr. Hellers Steckenpferd: Basis Dialog ? besser Verhältnis der Arbeitszahlen

Bildung zahlt sich aus

z.B

Neulich hatte ich mit einer Angestellten folgendes Gespräch:

„Sie scheinen ja mächtig unter Dampf zu stehen."
„Allerdings, ich muss auch noch die Arbeit des Kollegen erledigen."
„Wo ist er denn?"
„Auf Weiterbildung."
„Warum Sie nicht?"
„Dafür habe ich doch gar nicht die Zeit!"

Dass Männer mehr verdienen, hat seine Gründe

Aber der Kollege! Und mit der Weiterbildung in der Tasche marschiert er dann schnurstracks zum Chef und fordert mehr Gehalt. Frauen buchen Shiatsu-, Wellness- und Yoga-Kurse. Männer buchen Management-, Führungs- und Fachseminare. Frauen fühlen sich danach wohler. Männer kriegen danach mehr Gehalt.

Nehmen Sie mindestens ein Mal im Jahr an einer berufsbezogenen Weiterbildung teil.

Auch wenn der Chef mosert. Auch wenn sich danach die Berge auf Ihrem Schreibtisch türmen. Sie dürfen nicht immer nur an den Chef oder die Arbeit denken. Denken Sie mindestens ein Mal im Jahr auch an sich. Damit Sie endlich das Gehalt bekommen, das Sie verdienen.

Es liegt in Ihrer Hand

Verstärkte Meldepräsenz in Meetings, Radfahrer-Ritual, Renommier- und Chefprojekte, Präsentationen, Spezialisierung, Weiterbildung ... Ist das nicht reichlich viel, was Sie für ein bisschen mehr Gehalt tun müssen? Doch, sicher. Aber das ist nicht der springende Punkt, sondern:

! Wenigstens können Sie selbst etwas für Ihr Gehalt tun! Sie sind nicht auf Gedeih und Verderb dem Wohlwollen Ihrer Vorgesetzten ausgeliefert!

Das ist nur folgerichtig: Wenn Sie was tun, werden Sie belohnt. Wenn Sie Präsenz und Engagement zeigen, werden Sie im Gehaltsgespräch Ihre Gehaltsvorstellungen schneller und leichter durchsetzen können. Wenn Sie säen, werden Sie ernten.

Es gibt nichts Gutes, außer frau tut es

Viele Frauen klagen: „Reicht es denn nicht für mehr Gehalt, dass ich meinen Job gut mache?!“ Nein, meine Lieben, genau das reicht nicht. Dass Sie Ihren Job gut machen, ist für den Chef selbstverständlich. Wer mehr Gehalt möchte, sollte auch gezielt etwas dafür tun und nicht nur seine Arbeit gut machen. Das sagt uns kaum einer, das ist für uns ungewohnt, das ist „neu“ – doch ich habe noch keine Frau getroffen, die sich nicht auf diese „neuen“ Arbeitsziele hätte einstellen und sie hervorragend hätte bewältigen können. Denn was wir Frauen machen, machen wir gut.

3 Fettnäpfchen in Gehaltsgesprächen

Stellen Sie sich meinen Gehaltsetat wie einen Kuchen vor,
den ich nicht zuletzt nach dem Prinzip verteile:
Wer zuerst „Hunger“ schreit,bekommt ein Stück –
solange der Vorrat reicht.
Aber bis eine Frau es wagt, mehr Gehalt zu fordern,
haben gewöhnlich drei bis vier Männer zugeschlagen.
Und der Etat ist abgeräumt.
Martin Wehrle, Chef

Wer seine Worte weise wählt, wird mit mehr Gehalt belohnt

Die meisten Frauen haben Bammel vor einem Gehaltsgespräch. Zu Recht, wenn man mal mit angehört hat, in welche Fettnäpfchen sie bei solchen Gelegenheiten oft treten.

> Vermeiden Sie im Gehaltsgespräch allfällige Fettnäpfchen. Sie erhöhen damit Ihre Erfolgsaussichten ungemein.

Der Ton macht die Musik

Wenn Sie ungeschickt argumentieren oder die falschen Worte wählen, können Sie nicht ernsthaft erwarten, dass der Chef mehr Geld herausrückt. Viele Frauen verstehen das nicht: „Aber ich brauche doch wirklich mehr Geld und ich habe das auch wirklich verdient! Darauf kommt es doch an und nicht darauf, wie ich das formuliere!" Diesem verständlichen Einwand liegt ein fundamentales Missverständnis zugrunde, das Frauen aus dem Beziehungsleben eigentlich kennen sollten:

> In der Kommunikation ist die Beziehungsebene wichtiger als die Inhaltsebene.

Beziehung schlägt Inhalt

Wenn Sie den Chef mit einer unbedachten Formulierung auf die berühmte Palme treiben, ist ihm der *Inhalt* Ihres Gehaltswunsches relativ egal, dann blockt er schon allein deshalb ab, weil Sie ihn *auf der Beziehungsebene* in Rage gebracht haben. Das geht uns schließlich auch häufig so. Wenn unser Liebster, verbal ungeschickt wie Männer nun mal sind, kurz vor der Party sagt: „Wieso ziehst du das Blaue an? Das macht dich so dick!", dann mag er *inhaltlich* womöglich Recht haben. Doch nach dieser *beziehungstechnisch* ungeschickten Bemerkung kann er sich seine Wünsche für den Abend abschminken. Wir fühlen uns verletzt und lassen ihn das spüren. Und genauso geht es dem Chef, wenn die Mitarbeiterin im Gehaltsgespräch in ein Fettnäpfchen tritt:

> Wenn Sie die falschen Worte wählen, unterstützt der Chef Ihren Gehaltswunsch nicht, leistet erbitterte Gegenwehr oder wird persönlich.

Daher: Vermeiden Sie in Gehaltsgesprächen die üblichen Fettnäpfchen! Im Folgenden finden Sie die häufigsten und wie Sie sie umgehen.

„Jetzt, wo das zweite Kind da ist ..."

„... reicht das Geld hinten und vorne nicht!" Ohne Witz, das bringen manche Frauen als Begründung für einen Gehaltswunsch vor. Diese Begründung kommt auch in den Varianten vor:

- „Jetzt, wo das Kind da ist ... "
- „Es wird immer teurer, Kinder groß zu ziehen ... "

Kinder sind kein Grund für mehr Gehalt

Das stimmt ja auch! Trotzdem reagiert jeder normale Chef auf diese Argumente mit Unwillen. Wie ein Vorgesetzter launig meinte: „Bin ich etwa die Caritas oder das Jugendamt? Das hätten Sie sich überlegen müssen, *bevor* Sie Kinder in die Welt setzen! Und wenn Sie noch fünf Kinder kriegen, soll ich dann fünfmal mehr berappen? Wozu gibt es eigentlich Kindergeld?" Hartherzig? Mag sein. Doch leider gilt im Business: Leistung bringt Gehalt – und nicht Mitleid, Kinder oder die Tränendrüse. Im Sozialismus ist das anders. Da gilt das Motto: „Jeder nach seinen Fähigkeiten, jedem nach seinen Bedürfnissen." Da wir nicht im Sozialismus, sondern in einer Marktwirtschaft leben, gilt bei uns immer noch das Leistungsprinzip: Wer mehr leistet (und nicht wer mehr Kinder kriegt), kriegt mehr Gehalt. Das sollte eigentlich jede Frau nachvollziehen können. Warum können es manche nicht?

Warum schieben manche ihre Kinder vor?

Bescheidenheit ist eine Zier, doch weiter kommt frau ohne ihr

Wenn Frauen ihre Kinder vorschieben, dann nicht aus Ignoranz über das herrschende Wirtschaftssystem, sondern aus purer Bescheidenheit. Nach dem Motto: „Ich bin nicht so unverschämt, mehr Gehalt für mich und meine Leistung zu fordern. Es ist ja gar nicht für mich! Es ist für meine Kinder, das Haus, die gestiegenen Steuern ... Ich selbst will ja gar nichts von dem Geld!"

> Setzen Sie sich doch mal geistig auf den Stuhl vom Chef und hören Sie sich selbst mehr Gehalt unter Verweis auf Ihre Kinder fordern.

Wie kommt das bei Ihnen an? Bestimmt nicht gut. Denn als Chef müssen Sie sich um das Wohl vieler Mitarbeiter kümmern – und nicht nur um das der Mitarbeiter mit Kindern. Sie können die einen nicht auf Kosten der anderen bevorzugen. Auf Seminaren wenden Teilnehmerinnen manchmal ein: „Aber ich muss doch die Tagesmutter bezahlen können! Und das neue Kinderzimmer bezahlt sich auch nicht von selbst!“ Gutes Argument. Und nun setzen Sie sich wieder auf den Chefsessel und überlegen sich, was wohl Ihr Chef von diesen Einwänden hält. Bei dieser Übung sagen die meisten Frauen in Seminar oder Coaching zähneknirschend selbst: „Man kann den Chef doch nicht bitten, die Tagesmutter oder das neue Kinderzimmer zu bezahlen! Das ist nicht seine Aufgabe!“ Der Chef ist sicher kein Unmensch – aber er ist auch nicht die Caritas oder das Sozialamt.

> Chefs denken einfach anders. Sie bezahlen nur für das, wofür sie auch was bekommen.

Von Ihrem neuen Kinderzimmer hat der Chef nun mal nicht unmittelbar etwas, das dem Unternehmen das Überleben sichert oder auch nur die Marktchancen erhöht.
In den USA verklagen Frauen häufig ihre Arbeitgeber wegen Diskriminierung bei Gehalt und Aufstieg. Beklagte Firmen waren unter anderem Wal-Mart, Novartis und Morgan Stanley. Auch in Europa haben Frauen das (EU-)Recht, ihren Arbeitgeber deswegen zu verklagen. Das Problem ist nur: Wer klagt, hat die nicht unberechtigte Angst, dass sie vielleicht den Prozess gewinnt, danach aber keinen vorzeigbaren Job mehr bekommt, weil sich die Arbeitgeber vor der „Prozessgretel“ fürchten. Daher mein Rat: Eine Klage sollte immer nur Ultima Ratio, das allerletzte Mittel sein, nachdem alle anderen Mittel ausgeschöpft sind: Verhandeln kommt vor Klagen.

Versetzen Sie sich mal in Ihren Chef

Der Chef kriegt für Ihr neues Kinderzimmer nichts – aber für die Mehrleistung, die Sie bringen! Vielleicht ist das der wichtigste Tipp für Gehaltsverhandlungen überhaupt:

> Wenn Sie mehr Gehalt (oder etwas anderes) möchten, dann denken Sie sich in den Chef hinein und beobachten Sie, wie das, was Sie als Mitarbeiterin sagen, bei Ihnen als Chef ankommt.

Frauen können das sehr gut, weil Frauen im Gegensatz zu Männern über die ideale Fähigkeit dafür verfügen; man nennt sie Empathie. Natürlich ist es eine geistige Umstellung, die Welt aus den Augen des Chefs zu betrachten. Doch da wir Frauen seit alters her sehr flexibel sind, gelingt uns das meist. Sie werden dabei entdecken: Chefs leben in völlig anderen Denkwelten.

Die Disco-Analogie

Wenn wir das weibliche Sprachverhalten beim Discobesuch mit dem beim Gehaltsgespräch vergleichen – zugegeben, ein ungewöhnlicher Vergleich –, dann fällt etwas Erstaunliches auf: Im Gehaltsgespräch treten Frauen viel öfter, gewaltiger und tiefer ins Fettnäpfchen. In der Disco oder bei jedem anderen gesellschaftlichen Anlass funktioniert das weibliche Artikulationsvermögen viel besser. Wenn eine Frau auf einem dieser Anlässe einen tollen Typ entdeckt, geht sie ganz sicher nicht auf ihn zu und sagt: „Ich hatte in letzter Zeit Pech mit den Kerlen. Bei dir habe ich aber ein gutes Gefühl. Zu mir oder zu dir?“ Das mag zwar *inhaltlich* ihre Kommunikationsabsichten wiedergeben, doch *beziehungstechnisch* ist das reiner Flirtmord. Deshalb sagt sie, begleitet von einem charmanten Lächeln: „Ach, du bist Geschäftsführer in der IT? Muss ja wahnsinnig stressig sein.

Erzähl doch mal." Wo das Frühstück genommen wird, ergibt sich dann von alleine.
Wenn Ihnen die richtige Wortwahl im Gehaltsgespräch schwer fällt, erinnern Sie sich daran, dass Sie bei anderen Gelegenheiten keine Probleme haben, sich im Kommunikationsverhalten an den jeweiligen Adressaten anzupassen. Wenn einem in der Disco kein Zacken aus der Krone fällt, wird das auch nicht beim Gehaltsgespräch passieren ...

„Die Wertschätzung für geleistete Arbeit drückt sich nun einmal in der Bezahlung aus. Wer da nicht seine Leistung ins rechte Licht zu setzen vermag, erweckt den Eindruck, unsicher zu sein oder gar: wenig zu leisten." Martin Wehrle, Chef und Gehaltscoach

Hören Sie bloß auf zu jammern!

Überraschend viele Frauen glauben, dass ein Gehaltswunsch besonders große Aussicht auf Erfolg hat, wenn sie jammern: „Es wird doch alles teurer, jetzt ist auch noch der Heizungsbrenner kaputt gegangen, das kostet auch 1800 Euro, woher sollen wir denn das Geld nehmen?" Zu klagen, wenn's einem nicht gut geht, ist nur menschlich. Leider leben wir in einer eher kapitalistischen und nicht so sehr menschlichen Arbeitswelt. Und solange das der Fall ist, gilt nun mal: Jammern hilft nicht. Jammern wirkt nicht überzeugend, sondern einfach nur jämmerlich.

Was wollen Sie? Mitleid oder mehr Gehalt?

Wer jammert, kriegt Mitleid – nicht mehr Gehalt. Nun mal ehrlich: Wollen Sie das Mitleid Ihres Chefs? Oder doch lieber seine Anerkennung und mehr Geld? Heulen Sie sich bei der besten Freundin aus. Die hat Verständnis und tröstende Worte.

Und dann gehen Sie zum Chef und holen sich, was der Chef zu bieten hat: More Money!

„Alles wird teurer!"

Es gibt eine Menge Fettnäpfchen in Gehaltsgesprächen. Betrachten wir einige der beliebtesten Eigentor-Begründungen für einen Gehaltswunsch:

Was Sie auf keinen Fall sagen sollten

Sie sagen	Der Chef denkt oder sagt
„Alles wird teurer!"	„Stimmt, für die Firma auch. Also kann ich Ihnen nicht auch noch mehr Gehalt zahlen!"
„Ich hatte schon lange keine Gehaltserhöhung mehr!"	„Nur Beamte werden nach abgesessener Zeit bezahlt. Wer mehr will, muss auch mehr leisten!"
„Der Kollege verdient mehr als ich!"	Ein schlimmes Fettnäpfchen: Chefs hassen es, wenn Mitarbeiter untereinander diskutieren, was sie verdienen.
„Anderswo könnte ich mehr kriegen."	„Dann gehen Sie doch dorthin!"
„Ich komme mit diesem Gehalt einfach nicht aus!"	„Dann lernen Sie, besser hauszuhalten!"
„Ich mache so viele Überstunden, da habe ich auch eine Gehaltserhöhung verdient."	„Wenn Sie Ihre Arbeit nicht in der regulären Arbeitszeit schaffen, müssen Sie sich eben besser organisieren oder einfach schneller arbeiten! Die Kollegen schaffen es doch auch!"

Welche weiteren Eigentor-Formulierungen kennen Sie? Wie Sie vielleicht schon erlebt haben, funktionieren diese Gehaltsbegründungen nicht. Entweder der Chef lehnt rundheraus ab oder erhebt schwerwiegende Einwände. Wenn diese Begründungen nicht „ziehen", was funktioniert dann?

„Viele Berufsanfängerinnen oder Jobwechslerinnen verdienen auch deshalb schon vom Berufsbeginn an weniger als ihre männlichen Kollegen, weil sie im Bewerbungsgespräch erstaunlicherweise oft ‚vergessen', über ihren Gehaltswunsch zu reden. Sie fürchten, sich damit in ein schlechtes Licht zu rücken. Das Gegenteil ist der Fall. Hört ein Personalchef nicht die Gehaltsvorstellung, schlussfolgert er, dass die Bewerberin von ihrer eigenen Leistung nicht überzeugt ist. Bei vielen Fachvorgesetzten gilt sogar: Je höher der Gehaltswunsch, desto besser und stärker von sich selbst überzeugt ist der Bewerber – runterhandeln kann man ihn oder sie dann immer noch." Silke Kraushar, Personalleiterin

Das Einzige, was beim Chef zieht

Jede Wirtschaftsordnung hat ihre festen Spielregeln. Und die oberste Spielregel in einer Marktwirtschaft lautet, wie der Römer schon sagte: Do ut des. Wer gibt, kriegt auch.
Wer leistet, darf auch eine Gegenleistung erwarten oder einfordern.

Wenn Sie also mehr Gehalt möchten, fragen Sie sich: Was hat der Chef an Mehr von mir bekommen, was mehr Gehalt rechtfertigt?

Für dieses gehaltsentscheidende Mehr haben Sie viele Möglichkeiten:

- ❑ *Mehr Leistung.* Seit der letzten Gehaltserhöhung haben Sie Ihren Output gesteigert und können das auch in harten Zahlen nachweisen, zum Beispiel mehr Kundenkontakte, schnellere Bearbeitung bestimmter Prozesse, höhere Qualität ... Sie haben Ihre Arbeit noch nie unter diesem Gesichtspunkt betrachtet? Sehen Sie, das ist einer der häufigsten Gründe, weshalb Frauen weniger Gehalt bekommen: Sie leisten mehr, nehmen das aber nicht so wahr und kommunizieren es auch nicht.
  „Aber das muss der Chef doch sehen, dass ich mehr leiste!" Tut er auch, doch er denkt sich: „Wenn sie mehr Geld will, muss sie mir das schon sagen!" Chefs sind keine Prinzen, die einen ungefragt wachküssen oder mehr Gehalt geben.

Das Dornröschen-Syndrom: sich tot stellen und darauf warten, dass der Chef von sich aus mehr zahlt

> Vorsicht, Falle: Fordern Sie nicht aufgrund von Mehrleistungen, die Sie erst in der Zukunft bringen werden, mehr Gehalt. Erst die Mehrleistung, dann das Mehrgehalt.

- ❑ *Mehr Verantwortung.* Sie haben einen zusätzlichen Verantwortungsbereich übernommen, noch ein Projekt, eine wiederkehrende Aufgabe oder eine zusätzliche Funktion. Der Witz dabei: Frauen übernehmen permanent zusätzliche Verantwortung – die Kollegen drücken sich ja oft genug davor! Doch sie machen nichts daraus. Chefs denken dabei dankbar: „Die Müller macht auch das noch – und will noch nicht mal was dafür!"
- ❑ *Mehr Kompetenz.* Da Frauen oft Probleme bei der Artikulation eines Gehaltswunsches haben, hier eine Musterformulierung (zur gefälligen Anpassung an Ihre individuellen Artikulationsneigungen): „Sie haben vielleicht bemerkt, dass ich seit meiner Weiterbildung zur Supply Assistentin immer größere Beschaffungsvorgänge übernehme. Deshalb wünsche ich mir ... Euro mehr Gehalt. Wie stehen Sie dazu?" So einfach ist das? Richtig. Je einfacher und schnörkelloser die Kommunikation, desto weniger Missverständnisse können auftreten.

Musterformulierung

- *Mehr Workload,* wie das Neuhochdeutsch heißt: mehr Arbeitsbelastung, mehr Aufgaben, größerer Aufgabenbereich. Je mehr Menschen entlassen werden – und niemals zuvor in der neueren Wirtschaftsgeschichte wurden so viele entlassen –, desto weniger Menschen müssen desto mehr arbeiten. Wer mehr arbeitet, hat mehr verdient. Sie befürchten, dass der Chef das nicht einsieht und mit Kündigung droht? Erfreulicherweise nein: Wenn Sie das halbe Aufgabengebiet eines Gekündigten aufgehalst bekommen und der Chef Ihnen ein Zehntel mehr Gehalt gibt, dann macht Ihr Chef dabei ein gutes Geschäft – und das weiß der Chef; denn er kann rechnen. Genau deshalb hat er nämlich dem Gekündigten gekündigt.

Mehrleistung muss nachweislich sein!

- *Größere Führungsspanne.* Der Treppenwitz des postmodernen Kapitalismus schlechthin: Frauen werden ständig zu „heimlichen" Vorgesetzten gemacht, lernen neue Kollegen ein (Männer sind sich oft zu schade dafür, basteln lieber an ihrer Karriere), führen Gruppen und leiten Projekte – aber sie kriegen nicht das Gehalt einer Führungskraft. Warum? Weil sie es nicht einfordern! Der Chef gibt's den Seinen nicht im Schlaf!
- *Weniger Kosten.* Wenn Sie dem Unternehmen Kosten sparen, erhalten Sie in gut geführten Unternehmen automatisch und mit Handkuss einen Bonus oder eine Prämie. Leider sind nicht viele Unternehmen gut geführt. Deshalb gilt auch hier: Fordern Sie ein, was Ihnen zusteht! Zum Beispiel: „Mit meinem Vorschlag, die Querstanzteile bereits vorbehandelt zu beziehen, spart die Abteilung nach meiner Rechnung jährlich ... Euro. Ich finde es nur gerecht, wenn ich auch etwas von diesem Ersparten sehe. Wie wäre es mit einmalig ... Euro?" Wenn der Chef daraufhin zu mauern anfängt, überzeugen Sie ihn argumentativ (wie das geht, lesen Sie in Kapitel 5).
- *Gute Ideen.* Lara hat die Idee, eine bestimmte Produktgruppe ihres Unternehmens über einen neuen Vertriebsweg zu verkaufen. Der Marketingleiter nimmt den Vorschlag auf, Dutzende Aufträge kommen über den neuen Vertriebsweg herein. Lara

sagt zum Vertriebschef: „Meine Idee bringt dem Unternehmen eine Menge Geld. Was halten Sie von einem Bonus von 3000 Euro?“ Bezeichnenderweise bezahlt der Vertriebsleiter anstandslos. Das wundert Lara etwas. Der Manager erklärt: „Wäre die Idee von einem Consulter gekommen, hätten wir das Zehnfache bezahlen müssen.“

Musterformulierung

- ❑ *Gute Aktionen.* „Meine Händler-Verkaufsaktion ist von über 200 Händlern abgerufen worden. Das ist ein schöner Erfolg. Was halten Sie von 500 Euro Bonus als Anerkennung für diesen Erfolg?“ Selbst wenn der Chef Nein dazu sagt: Geschadet hat Ihnen die Nachfrage nichts. Im Gegenteil. Der Chef sieht, dass Sie selbstbewusst sind und Ihren Wert kennen. Und er fühlt sich in Ihrer Schuld, weshalb er bei Ihrem nächsten Wunsch positiver gestimmt ist.
- ❑ *Kundenfeedback.* Viele Frauen freuen sich, wenn sie von internen oder externen Kunden gelobt werden. Das ist schön. Noch schöner wäre es, wenn Sie dieses positive Feedback auch Ihren Vorgesetzten weitergeben würden, beispielsweise: „Kunde X hat sich heute lobend über unsere schnelle Abwicklung geäußert. Er sagte, dass wir was bei ihm gut hätten.“ Je mehr positives Feedback Sie sammeln und nach oben weitergeben, desto eher akzeptieren Ihre Vorgesetzten Ihren nächsten Gehaltswunsch.

> Eine beeindruckende Liste an Möglichkeiten, nicht wahr? Mit welchen Punkten dieser Liste können Sie punkten? Wo hat Ihre Liste noch Lücken? Wie können Sie diese füllen? Wann? Was hält Sie davon ab? Wie können Sie das ausräumen?

Das artet in Arbeit aus? Das tut es. Mehr Gehalt zu bekommen ist ein eigenes kleines Projekt. Das Schöne daran: Diese Arbeit lohnt sich immens und bringt Freude! Denken Sie nicht immer nur an andere. Tun Sie auch mal etwas für sich selbst. Warum? Weil Sie es sich wert sind.

Checkliste: Mehr bringt mehr

- ❑ Übersehen Sie nicht länger Ihre Mehrleistung oder Mehrverantwortung, nehmen Sie Ihre guten Ideen und Aktionen nicht länger als selbstverständlich hin oder denken: „Das muss der Chef doch sehen, was ich alles leiste!" Das muss er eben nicht. Wenn Sie mehr wollen, müssen Sie schon danach fragen.
- ❑ Führen Sie ein Mehrleistungstagebuch, in das Sie Ihr Mehr an Leistung, Kompetenz, Verantwortung ... eintragen. Viele Frauen merken erst bei dieser schriftlichen Übung, wie viel mehr sie schon wieder leisten und dass die nächste Gehaltserhöhung längst überfällig ist.
- ❑ Gewöhnen Sie sich die typisch weibliche Angst ab: „Aber ich kann doch nicht wegen jedem bisschen Mehrleistung gleich mehr Gehalt fordern!" Diese Angst ist bei Frauen unbegründet. Es gibt etliche Männer, die nach einem Wochenend-Rhetorikseminar gleich zum Chef rennen und mehr Geld wollen, weil sie ja jetzt im Kundenkontakt angeblich rhetorisch unschlagbar sind. Von Frauen kenne ich diesen Hang zur haltlosen Übertreibung nicht. Wenn Sie Bedenken haben, dann melden Sie eben erst bei der zweiten, spätestens der dritten Mehrleistung Ihren Gehaltswunsch an. Lieber einmal zu viel als einmal zu wenig ...

In der Kürze liegt die Würze

- ❑ Egal, welche Mehrleistungen Sie anführen: Reden Sie keinen Roman. Jede Begründung darf maximal zwei, drei Sätze lang sein. Sonst schläft der Chef ein oder denkt, dass Sie selber nicht wissen, worin nun eigentlich Ihre Mehrleistung besteht.
- ❑ Reden Sie nicht um den heißen Brei herum. Das wirkt nicht höflich (wie viele Frauen meinen), sondern unsicher und unprofessionell. Sprechen Sie ganz sachlich und direkt über Ihre Mehrleistungen und fügen Sie Ihren Gehaltswunsch an. Üben Sie diese offene Ausdrucksweise. Frauen fällt es erfahrungsgemäß nicht leicht, vom indirekten Sprachstil herunterzukommen.
- ❑ Ja, kurz und offen zu reden kostet Mut. Selbst erfahrene Business-Ladys müssen dafür stets aufs Neue Mut aufbrin-

gen. Doch die Einzige, die für ausreichend Mut sorgen kann, sind Sie allein. Ein Trost: Je öfter Sie Ihren Mut zusammennehmen, desto leichter wird es Ihnen fallen.

Was uns guttut, was uns zusteht, fällt uns selten in den Schoß. Ein erfülltes Leben zu führen kostet etwas Mut. Doch dieser Mut lohnt sich mehr als vieles andere.

Ihr Job gibt das nicht her?

Das Prinzip der Mehrleistung leuchtet auf Anhieb ein. Viele Frauen haben jedoch ein Problem damit: „Mein Job gibt das nicht her. Ich mache tagein, tagaus dieselbe stupide Arbeit. Da ist ein Mehr nicht drin!“ Solche Jobs gibt es sicher – doch sie sind weitaus seltener als angenommen. Mehrleistung hängt weniger von der Arbeit und stärker von der Arbeitenden ab.

Wenn sich Mehrleistungen nicht von sich aus anbieten, dann entwickeln Sie Eigeninitiative und suchen auf eigene Faust Mehrleistungsmöglichkeiten (MLM). Es ist kein Job so stupide, dass Sie ihn nicht etwas aufpeppen könnten. Ziehen Sie attraktive Projekte an Land, beteiligen Sie sich an Arbeitsgruppen, machen Sie Vorschläge. Arbeit ist genug vorhanden, frau muss sie bloß entdecken und anpacken.

Ehrlich gesagt: Genau daran hapert es insbesondere in Deutschland derzeit. Es wird zu wenig angepackt. Dafür wird viel gejammert. Es wird gejammert, dass frau in diesen von Outsourcing bedrohten Zeiten es doch nicht wagen könne, auch noch mehr Gehalt zu fordern. Wie viele von denen, die so klagen, haben es tatsächlich gewagt? Jammern ist bequem: Wer jammert, muss nichts ändern. Das Leben ist nicht leicht, aber fair: Wer sich bewegt, bewegt auch was. Natürlich muss frau beim Job Enrichment auf eigene Faust Hindernisse und Bedenken anderer überwinden. Aber das ist es doch allemal wert, oder?

„Wir müssen uns bewegen, denn sonst bewegt sich nichts.“
Xavier Naidoo

„Armut ist immer noch weiblich. Immer noch stehen Frauen am unteren Ende des Lohn- und Gehaltsgefüges, verdienen bei gleichwertiger Arbeit rund ein Drittel weniger als ihre männlichen Kollegen und haben kaum Aufstiegschancen. ‚Niemand darf wegen seines Geschlechtes ... benachteiligt oder bevorzugt werden.‘ Was sich im Grundgesetz so schön anliest, ist längst nicht verwirklicht – und gerade in Zeiten steigender Arbeitslosigkeit und der Debatte um den Umbau des Sozialstaats in Frage gestellt. Inzwischen darf ein Politiker sogar wieder ungestraft sagen: ‚Frauen verdrängen Männer von ihren Arbeitsplätzen‘, sagt Andrea Ziech, Redakteurin beim Deutschen Frauenrat.“
Aus: *Süddeutsche Zeitung*, 7.3.1998

Löchern Sie den Chef!

Frauen sind die besten Vorbilder für Frauen. Nehmen wir zum Beispiel Selina.

z.B

Selina hat einen sturzöden Job. Sie ist Sekretärin, möchte das aber nicht ihr Leben lang bleiben. Gut für sie! Sie hat einen Kontrollfreak als Chef, der am liebsten alles selber macht. Wenn er delegiert, dann nur „Idiotenjobs für Handlanger“. Selina hat schon alles probiert, um sich für Aufstieg und mehr Gehalt zu empfehlen. Doch der Chef gesteht ihr kein eigenes echtes Projekt zu und blockt jede Erweiterung ihres Aufgabengebietes mit fadenscheinigen Begründungen ab. Manch andere Frau hätte in dieser bescheidenen Lage aufgegeben. Nicht Selina. Sie löchert ihren Chef: „Ich habe ihn fünf Wochen lang täglich mit einem neuen Vorschlag gelöchert, wie wir Prozesse beschleunigen, Bürokratie beseitigen und die Effizienz erhöhen können.“ Selina war dabei stets charmant, höflich und freundlich – aber bestimmt und selbstbewusst.

Irgendwann hat der Chef die geballte Frauenpower nicht länger ignorieren können und hat nachgegeben. Seitdem ist der Damm gebrochen. Es fällt ihm immer schwerer, Nein zu sagen ...
Selina gibt unumwunden zu: „Ich habe den Chef genervt. Aber das war auch nötig."

Wenn Sie nie aus der Deckung kommen, kommt der Chef auch nicht auf die Idee, dass Sie *mehr* wollen. Mehr Verantwortung, mehr Anerkennung, mehr Gehalt. Was hätte Selina gemacht, wenn der Chef – was schwer vorstellbar ist – ihr verboten hätte, weiter Vorschläge zum Wohl der Firma zu machen? „Dann hätte ich den Job gewechselt – oder mich damit abgefunden, dass ich mein Gehalt für meine bloße Anwesenheit bekomme."

Das Eunuchen-Problem: Wollen, aber nicht können

Wenn wir die obige Liste der MLM, der Mehrleistungsmöglichkeiten, durchgehen, sagen etliche Frauen in Seminar und Coaching spontan: „Ja, schon, aber ich möchte mich nicht so in den Vordergrund drängen." Die weiblichen Zweifel an der eigenen Leistung sitzen tief.

Männer überverkaufen ihre Leistung, Frauen unterverkaufen sich.

Sie wollen nicht wie ein besoffener Seemann angeben, um mehr Gehalt zu bekommen? Wissen Sie was? Dann tun Sie's auch nicht! Niemand muss prahlen, angeben oder große Töne spucken, um mehr Gehalt zu bekommen – auch wenn mancher Mann das meint. Es reicht völlig aus und überzeugt den Chef oft viel eher und leichter, wenn Sie charmant und absolut sachlich Ihren persönlichen MLM-Katalog zur Sprache bringen. Da viele Frauen dafür nicht über das sprachliche Differenzierungsvermögen verfügen – weil sie tagtäglich nur die Männer prahlen hören –, üben wir das doch gleich mal.

Männer sagen	**Frauen sagen**
„Ich bin der Kundenkontakter mit den meisten Budgets in diesem Laden! Ich will mehr Geld!"	„Im letzten Halbjahr hat sich die Zahl der Kunden verdoppelt, die ich betreue. Keine Bange, ich möchte jetzt nicht das doppelte Gehalt. Aber eine Anpassung finde ich angemessen."
„Ich habe einen der größten Aufträge der Firmengeschichte an Land gezogen. Ich habe eine Prämie verdient!"	„Angesichts der Größe des Auftrags, den ich akquiriert habe, möchte ich mit Ihnen über eine angemessene Anerkennung sprechen."
„Ohne mich würde der Laden doch zusammenbrechen!"	„Mein Aufgabengebiet hat sich in den letzten Monaten stark vergrößert. Jetzt, wo Sie sehen, dass ich das alles bewältige, sollten wir über mein Gehalt sprechen."
„Wenn der Firma mein Projekt so wichtig ist, dann möchte ich das auch auf dem Gehaltsstreifen sehen!"	Wie würden Sie das formulieren? ______________ ______________
„Meine Abteilung hat sich verdoppelt – also für dasselbe Gehalt mache ich das nicht!"	Wie würden Sie das formulieren? ______________ ______________

Was die linke Spalte in uns auslöst, wissen wir. Wie finden Sie die rechte Spalte? Teilnehmerinnen in Seminar und Coaching sagen einhellig: angenehm, charmant, zielbewusst, selbstbewusst – und überhaupt nicht angeberisch! Also ideal für Frauen. Wir sehen: Eine Frau kriegt auch dann mehr Gehalt, wenn sie nicht angibt. Dafür ist nur ein wenig Training des eigenen Ausdrucksvermögens nötig. Üben können Sie auf eigene Faust, im Seminar oder Coaching.

MLM für Fortgeschrittene: Chefs Steckenpferd

z.B

Von Frauen, die deutlich mehr Gehalt als andere (Frauen und Männer) verdienen, können wir einiges lernen. Lia zum Beispiel geht mit einer MLM-Liste (im Hinterkopf!) in jedes Gehaltsgespräch, die eine Besonderheit aufweist. Eine Besonderheit, die deutlich schneller mehr Gehalt verspricht: Wenn sie etwas für die Steckenpferde des Chefs tut, rückt er die Kohle schneller raus.

Lias Chef, der Verkaufsleiter ihrer Firma, ist zum Beispiel ein KO-Freak. Das heißt nicht, dass er gerne zum Boxen geht, sondern dass sein Steckenpferd die Kundenorientierung ist. Es vergeht kein Tag, an dem er Innen- und Außendienst nicht detailliert auf Mängel bei der Kundenorientierung hinweist. Damit geht er allen mächtig auf die Nerven. Lia ist eine der wenigen im Team, die sich davon nicht nur nerven lässt, sondern auch was draus macht. Sie erzählt: „In jedem Gehaltsgespräch sind drei von fünf meiner MLM-Punkte direkt oder indirekt mit der Kundenorientierung verbunden. Der Chef honoriert das. Neulich wollte ein Kollege einen Bonus, weil er ein Logistikprojekt vorbildlich abgewickelt hatte. Der Chef hat ihn fast aus dem Büro geworfen. Das Projekt hat der Abteilung zwar mächtig Kosten gespart, doch Logistik geht dem Chef eben am Senkel vorbei."

Wen der Chef mag, bezahlt er besser!

Frauen wie Lia machen uns Mut. Sie wissen, worauf es im Berufsleben ankommt, und setzen das auch um.
Was aber tun Sie, wenn Sie nun mal eben eine Logistik-Expertin sind, Ihr Chef aber ein KO-Fan? Viele Frauen versuchen dann, den Chef davon zu überzeugen, dass ihre Arbeit auch wichtig ist. Wir können uns den Tonfall dabei lebhaft vorstellen: jammernd, klagend, empört, quengelnd wie ein Kind. Verzichten Sie darauf! Das stimmt den Chef nicht um. Erkennen Sie lieber, dass Sie mit Ihrem Fachgebiet allein auf keinen grünen Zweig kommen:

- ❑ Machen Sie nicht länger 100 Prozent Ihr Fachgebiet, sondern reichern Sie es mit 10 Prozent Steckenpferd an. Machen Sie ein Steckenpferd-Projekt für den Chef, übernehmen Sie eine Funktion oder Aufgabe in diesem Bereich.
- ❑ Zeigen Sie auf, was Ihr Fachgebiet für das Steckenpferd des Chefs getan hat. Logistik kann nämlich auch die Kundenzufriedenheit steigern!

„In allen EU-Ländern verdienen Männer im Schnitt besser als Frauen. In Deutschland ist das Verdienstgefälle am größten."
Aus: *Süddeutsche Zeitung*, 9.10.2002

Frauen kriegen zu wenig Anerkennung

Ihre Leistung wird nicht ausreichend gewürdigt?

Was mich immer wieder bedrückt, ist die große Zahl von Frauen auf allen betrieblichen Hierarchieebenen, die über mangelnde Anerkennung ihrer Arbeit klagen. Sie sind oft genug die Stützen der Abteilung, die Pfeiler des Betriebs – doch die Anerkennung der Topmanager heimsen die Kollegen ein, die sich auf Kosten ihrer eigentlichen Arbeit und der lieben KollegInnen profilieren. Eine Riesenungerechtigkeit. Wie wir alle wissen, beseitigen sich Ungerechtigkeiten jedoch nicht von alleine. Oder wie Erich Kästner sagte: Es gibt nichts Gutes, außer man tut es.

Das Gehaltsgespräch ist der ideale Ort, sich die Anerkennung zu holen, die Sie verdient haben! Kennen Sie eine bessere Gelegenheit?

z.B

Beate beispielsweise sagte ihrem Chef in einem solchen Gespräch: „Als letztes Jahr der Kollege ging, habe ich ohne zu klagen sein komplettes Aufgabengebiet übernommen. Bis heute ist kein Ersatz da. Ich vertrete derzeit eine Kollegin krankheitshalber, habe die Riesenpanne mit den falsch belichteten Druckplatten beim Kunden ausgebügelt, uns damit eine fünfstellige Konventionalstrafe erspart und lasse mich jetzt auch noch zur Projektleiterin ausbilden. Und die ganze Zeit über wird so getan, als ob das selbstverständlich sei! Ich kriege keinen Dank, keine Anerkennung, kein ‚Gut gemacht!'. Langsam muss ich mich fragen, ob Ihnen überhaupt bewusst ist, was ich alles für die Firma leiste."

Sie würden erschrecken, wenn Sie sich solche Worte reden hörten? Beate gibt unumwunden zu, dass sie „schon ein wenig Schiss vor der eigenen Courage hatte". Aber raten Sie mal, wer einen noch viel größeren Schreck bekam? Beates Chef. Männer loben zwar nie freiwillig. Doch sie sind nicht blind gegenüber den Konsequenzen ihres sprachlichen Unvermögens. Beate: „Der Chef überschlug sich danach fast mit lobenden Worten. Stellen Sie sich vor: Der Chef entschuldigte sich sogar bei mir. Er redete fast fünf Minuten darüber, dass er mittlerweile nicht mehr wusste, was er ohne mich machen würde. Es war ihm fast peinlich, mir eine Gehaltserhöhung anzubieten. Mir war es das nicht." Zwei Punkte an Beates Manöver sind über die Gehaltserhöhung hinaus bemerkenswert:

Jede hat den Chef, den sie sich erzieht

- Beates nicht ganz so sanfte Erinnerung zeitigte Langzeitwirkung: „Seit diesem Gespräch gibt mir der Chef deutlich mehr Anerkennung für meine Arbeit." Auch Chefs sind lernfähig, wenn Sie ihnen die Gelegenheit dazu geben.

- Beate wollte eigentlich nicht in erster Linie mehr Gehalt (typisch Frau), sondern mehr Anerkennung. Viele Chefs setzen jedoch Anerkennung mit Gehalt gleich (typisch Mann). Beate wollte mehr Anerkennung und bekam mehr Anerkennung *und* mehr Gehalt. Was will frau mehr!

Nonverbale Fettnäpfchen

Frau kann in ein Fettnäpfchen treten, ohne ein Wort zu sagen? Aber sicher doch. Kommunikationsforscher halten nonverbale Fettnäpfchen sogar für schädlicher als verbale Fehlgriffe. Denn unsere Wirkung auf andere Menschen wird

- nur zu 7 Prozent von unseren Worten erzielt,
- zu erstaunlichen 38 Prozent von unserer Stimmführung und zu
- monumentalen 55 Prozent von unserer Körpersprache.

Unsicherheit überzeugt nicht

Das hätten Sie nicht gedacht? Das denken die wenigsten. Deshalb ist es für eine geschulte Beobachterin auch so schmerzhaft, Frauen bei Gehaltsgesprächen zuzuschauen: Sie nesteln nervös mit den Händen, weichen dem Blick des Chefs aus, runzeln die Stirn, zappeln und reden in einer Stimmlage, die eher an eine nervig, nörgelnde Zwölfjährige erinnert als an eine erwachsene Frau. Wie wirkt das auf den Chef? Nicht überzeugend, lästig, unsicher, zickig. Dem Chef geht es wie Goethes Faust: Die Botschaft (nach mehr Gehalt) hör ich wohl, allein mir fehlt der Glaube.

Für mehr Gehalt muss beides stimmen: Argumentation *und* Körpersprache.

Stimmen Sprache und Körpersprache nicht überein, glaubt der Chef nämlich eher der Körpersprache. Er denkt: „Wenn sie so viel mehr leistet, wie sie behauptet, warum ist sie dann so nervös? Glaubt wohl selber nicht so ganz daran. Also warum soll ich's?"

„Das größte Verdienstgefälle aller EU-Länder stellten die Statistiker für Deutschland fest. Dort beträgt das Einkommen von Frauen im öffentlichen Sektor nur 77 Prozent vom Verdienst ihrer männlichen Kollegen, im privaten Sektor sogar nur 73 Prozent." Aus: *Süddeutsche Zeitung*, 9.10.2002

Checkliste: Den Chef überzeugen

Wenn Sie den Chef überzeugen wollen, sollten Sie auch überzeugend auftreten:

- ❏ Machen Sie vor dem Gehaltsgespräch eine Atemübung, die bei Ihnen wirkt. Nicht jede Atemübung wirkt bei jeder. Probieren Sie einige durch (Google, Seminare, Bücher ...). Ist der Atem ruhig, beruhigen sich auch Körper und Geist. Damit vermeiden Sie schon eine Menge nonverbaler Fettnäpfchen.
- ❏ Es ist auch und gerade für alte Bühnenprofis völlig undenkbar, ohne Probenarbeit aufzutreten. Also überprüfen Sie erst mal vor dem Spiegel Mimik, Gestik und Körperhaltung bei Ihrer Gehaltsargumentation. Sie werden überrascht sein, wie unmöglich das teilweise aussieht. Arbeiten Sie daran – mit oder ohne professionelle Unterstützung eines Körpersprache-Coach.

Probieren geht über Studieren

- ❏ Arbeiten Sie vor dem Spiegel, mit einem Taschendiktiergerät oder mit der Sprachaufnahme Ihres PC an Ihrer Stimmführung. Die meisten Frauen reden zu hoch, zu schnell und zu abgehackt, wenn sie nervös sind. Achten Sie auf Ihre Stimme und versuchen Sie, etwas langsamer zu reden.
- ❏ Ein idealer Sparringspartner nach Ihren Übungen vor dem Spiegel ist Ihr Beziehungspartner. Er ist zwar nicht der Chef, doch für diese Übung gilt: Mann = Mann. Ist Ihr Chef eine

Chefin, üben Sie selbstverständlich mit einer Freundin. Machen Sie ein Rollenspiel und reden Sie danach darüber, wie Sie beim anderen ankamen. Sie werden eine Menge daraus lernen und eine unglaubliche Sicherheit für Ihr Gespräch mit dem echten Chef entwickeln.

- ❑ Das Wichtigste für Ihre nonverbale Überzeugungskraft sind Ihre Augen: Halten Sie stets Blickkontakt mit dem Chef!
- ❑ Das Zweitwichtigste: Lächeln Sie charmant. Männer halten merkwürdiger- oder glücklicherweise ein Lächeln für ein sehr starkes Argument. Bis jetzt hat sie noch keine(r) des Gegenteils belehrt. Außerdem: Wenn Sie Blickkontakt halten und *nicht* lächeln, wird das als Anstarren empfunden und selten mit mehr Gehalt belohnt ...
- ❑ Wie sieht ein überzeugender Gesamteindruck aus? Na, eben so: überzeugend. Also selbstbewusst, souverän, selbstsicher, in sich ruhend, gelassen, aber fest. Wie schafft frau das? Dafür gibt es zwei Methoden, die Sie auch kombinieren können: „Act as if" und sich reinfühlen. Wenn Sie einfach nur lange genug so tun, als ob Sie absolut von sich und Ihrem Gehaltswunsch überzeugt wären, dann werden Sie es auch. Unser Geist kann nämlich nicht unterscheiden, ob etwas real oder realistisch ist (deshalb funktionieren Filme überhaupt). Die zweite Methode ist emotionales Pacing: Wenn Sie sich selbstbewusst *fühlen*, dann wird auch Ihre Körpersprache selbstbewusst – und umgekehrt.

Selbstbewusstsein hat Methode

- ❑ Egal, welche Methode Sie wählen oder kombinieren: Fangen Sie früh damit an. Erst mal mit dem Üben: So einfach beide Methoden sind, die ersten Dutzend Versuche werden wie beim Kuchenbacken oder Tennisspielen nicht zu Ihrer Zufriedenheit ausfallen. Also üben Sie ein wenig. Das macht jede Menge Spaß, denn es fühlt sich einfach super an! Danach sollten Sie rechtzeitig damit beginnen, sich aufs Gehaltsgespräch einzustimmen. Zwei Minuten vorher sind zu spät. Zwanzig Minuten sind besser, eine Stunde ist ideal. Denn je länger vorher Sie sich selbstbewusst fühlen, desto länger danach hält dieses Selbstbewusstsein auch an.

- Achten Sie während des Gesprächs bewusst auf Ihre Körpersprache. Auch das funktioniert nur nach etwas Übung. Überprüfen Sie ständig: Geschlossene Körperhaltung? Arme verschränkt? Hände verkrampft? Beine fünfmal umeinander gewickelt? Stirn gerunzelt? Lippen verkniffen? Oberkörper eingerollt? Stimme flatterig, hoch oder zu schnell?

Sie können nur beeinflussen, was Sie wahrnehmen

Sie kommen sich vor wie bei der Schülertheateraufführung an Ihrer alten Schule? Diese Empfindung trifft zu. Wie schon Shakespeare sagte: Life is a stage, das Leben ist eine Bühne und wir alle spielen darauf unsere Rolle. Wenn wir uns etwas Mühe geben und eine gute Vorstellung abliefern, werden wir durch Applaus und mehr Gehalt belohnt. Außerdem: Spielen macht Spaß!

Sie finden das stressig?

Morgen werden Sie also ein Gehaltsgespräch mit Ihrem Chef führen.
Was fühlen Sie, wenn Sie diesen Satz lesen? Wenn Sie keinerlei Stress, innere Unruhe oder ein unangenehmes Gefühl verspüren, überspringen Sie diesen Abschnitt. Wenn nicht, gehören Sie zu den 98 Prozent Frauen, die allein beim Gedanken an ein Gehaltsgespräch schon Stress verspüren. Und dann erst im Gespräch selbst ... So ein Gehaltsgespräch ist eben eine etwas stressige Angelegenheit? Wenn das stimmte, warum gibt es dann Frauen, die so ein Gespräch locker, stressfrei, fast entspannt führen können? Warum haben viele Frauen sogar Spaß dabei? Haben die ein Rad ab? Nein:

> Stress kommt nicht von außen. Stress ist hausgemacht. Der *Auslöser* von Stress liegt zwar außen (ein Ereignis), die *Ursache* jedoch liegt innen (eine Einstellung).

Einige der häufigsten Einstellungen, die meist kombiniert auftreten, sind:

- „Das steht mir nicht wirklich zu."
- „Oje, und wenn er Nein sagt?"
- „Ich traue mich aber nicht!"
- „Was sage ich, wenn er wissen will, warum?"
- „Ich kann das einfach nicht!"

Das alles sind Einstellungen, die Stress verursachen. Das Schöne an negativen Einstellungen ist, dass Sie sie ändern können. Sie können Ihre Einstellungen ganz bewusst wählen. Nehmen Sie sich ein wenig Zeit dazu.

Je stärker Sie sich in dieser Zeit selbst davon *überzeugen*,

- dass und warum Ihnen eine Gehaltserhöhung zusteht,
- dass der Chef auch nur ein Mensch ist,
- dass Sie zumindest ein Recht haben, eine Erhöhung zu fordern,
- dass Sie gute Argumente haben,
- dass und wie Sie argumentieren können,
- dass und wie Sie die Einwände des Chefs behandeln können (s. Kapitel 5),

desto eher werden Sie auch Ihren Chef von Ihrem Gehaltswunsch *überzeugen*. Daher: Leisten Sie Überzeugungsarbeit. Erst bei sich, dann beim Chef.

Abschlussprüfung

Warum haben Sie eine Gehaltserhöhung verdient? Wenn die Antwort nicht wie aus der Pistole geschossen kommt, reicht Ihre Überzeugung noch nicht für ein erfolgreiches Gehaltsgespräch. Gehen Sie nochmals in die Vorbereitung des Gesprächs, in die innere Überzeugungsarbeit.

Wie würden Sie dem Chef Ihre drei Hauptgründe für eine Gehaltserhöhung kommunizieren? Auch für diese Frage gilt: Wenn Sie zögern, erst überlegen müssen, sich bei der Formulierung verhaspeln oder eine der oben diskutierten Eigentor-Begründungen anführen, sind Sie noch nicht reif für mehr Gehalt. Wie gut, dass wir das hier im kleinen, vertrauten Rahmen herausgefunden und Ihnen damit eine Peinlichkeit vor dem Chef erspart haben.

Legen Sie sich nochmals Ihre Begründungen und Formulierungen zurecht und üben Sie sie einige Male vor dem Spiegel und/ oder im Rollenspiel. Wenn Sie die beiden obigen Fragen aus dem Stand beantworten können, sind Sie bestens für ein Gehaltsgespräch vorbereitet. Das werden Sie auch spüren: Sie werden selbstbewusst und zielsicher in ein solches Gespräch gehen.

4 Drücken Sie den Knopf vom Chef

Eine Frau muss wissen,
auf welche Knöpfe sie beim Chef drücken muss.
Silke B., Personalreferentin

Wer seinen Chef gut kennt, kriegt mehr Gehalt

Kennen Sie Ihren Chef? Keine triviale Frage. Denn je besser Sie ihn kennen, desto größer sind Ihre Chancen,

- ❑ besser im Gehaltsgespräch mit ihm zurechtzukommen,
- ❑ wesentlich weniger Einwände seinerseits zu provozieren,
- ❑ eher und leichter mehr Gehalt zu bekommen,
- ❑ auch das tougheste Gehaltsgespräch in einer harmonischen, freundschaftlichen Atmosphäre zu führen,
- ❑ auch außerhalb von Gehaltsgesprächen besser mit dem Chef auszukommen.

Menschenkenntnis ist der Schlüssel auch zum Gehaltserfolg

Je besser Sie Ihren Chef kennen, desto besser können Sie auf seine Vorlieben, Eigenheiten, Macken, Interessen, Ziele, Motive und Projekte eingehen. Und je stärker Sie in diesen Punkten auf den Chef eingehen, desto leichter und eher geht er seinerseits auf Ihre Gehaltswünsche ein.

Nein, damit ist nicht gemeint, dem Chef in den Allerwertesten zu kriechen, Rad zu fahren oder zu schleimen. Was vielmehr damit gemeint ist, drückt eine in Gehaltsverhandlungen erfahrene Support-Managerin so aus: „Jeder Chef hat einen Knopf für Gehaltserhöhungen. Wenn man ihn findet und drückt, spuckt der Chef schneller mehr Geld aus." Das mag überraschend klingen. Doch im Grunde kennen wir diesen Knopf bereits aus einem anderen Zusammenhang.

Sympathische MitarbeiterInnen werden besser bezahlt

Chefs Liebling müsste man sein!

Jeder Arbeitnehmer, jede Arbeitnehmerin weiß leider nur zu gut: In jeder Abteilung gibt es jemanden, der Chefs Liebling ist. Chefs Liebling wird bevorzugt behandelt. Chefs Liebling bekommt mehr Anerkennung, die schöneren Aufgaben und die besseren Projekte, mehr Gehalt, Privilegien, Förderung und Aufmerksamkeit, mehr positives und weniger negatives Feedback, mehr Aufstiegsmöglichkeiten. Wenn Chefs Liebling einen Bock schießt, drückt der Chef auch mal ein Auge zu, während ein anderer Mitarbeiter schon bei einem viel geringeren Anlass einen Rüffel kassiert.

Wie Regine, eine Kontakterin in einer Frankfurter Werbeagentur, es ironisch formuliert: „Seltsam, dass die blonden Kolleginnen hier alle ein wenig mehr verdienen ... " Sie finden das ungerecht? Wer fände das nicht! Doch das sollte nicht der einzige Schluss sein, den Sie aus diesem Umstand ziehen. Die viel interessantere Schlussfolgerung lautet nämlich, grob vereinfacht:

!

Wer dem Chef sympathisch ist, dem zahlt er mehr Gehalt!

So eine Sauerei. Wie kann der Chef das tun? Sollte es beim Gehalt nicht in erster Linie um Leistung gehen und nicht um Sympathie (im Volksmund Nasenfaktor genannt)? Mag sein, aber seien wir ehrlich: Wenn Sie auf einem Kindergeburtstag eine Horde Achtjähriger betreuen müssen – haben Sie sich etwa noch nie dabei ertappt, wie Sie ein, zwei besonders „brave" oder „nette" Kinder bevorzugt behandelt haben?
Das Sympathie-Syndrom ist eine nur allzu menschliche Neigung. Ärgern Sie sich nicht (nur) darüber. Nutzen Sie sie vielmehr! Was jene Menschen, die sich über die bevorzugte Behandlung von Blondinen beschweren, nämlich übersehen: Die Haarfarbe ist nicht die einzige und vor allem nicht die beste Möglichkeit, dem Chef sympathisch zu erscheinen und auf diese Weise leichter mit Gehaltswünschen durchzukommen. Welches ist denn dann die beste Möglichkeit?

Am 5.3.2005 meldete die deutsche Presseagentur: „Bei gleicher Ausbildung, gleichem Alter und Beruf sowie im gleichen Betrieb liegt das Gehalt von Frauen in den alten Bundesländern im Durchschnitt 12 Prozent unter dem von Männern, wie eine Studie des Instituts für Arbeitsmarkt- und Berufsforschung (IAB) in Nürnberg ergab. Insgesamt waren die Löhne vollzeitbeschäftigter Frauen etwa 24 Prozent niedriger als die der Männer." Ja was denn nun? 12 oder 24 Prozent? Statistiken zum geschlechtsspezifischen Gehaltsgefälle sind meist sehr verwirrend. An Klarheit in dieser Frage scheint niemand wirklich interessiert zu sein, was möglicherweise daran liegt, dass die meisten Statistiker Männer sind. Nur eines scheint klar: Frauen verdienen bei gleicher Qualifikation zwischen 10 und 25 Prozent weniger Gehalt als Männer.

Wer sich einfühlt, ist sympathisch

Empathie ist Sympathie

Niemand muss sich die Haare färben, um mehr Gehalt zu bekommen – obwohl das einige tun. Es gibt viele Faktoren, die Sympathie auslösen. Attraktivität ist im Berufsleben zwar ein augenfälliger, aber ein weniger wirksamer Faktor. Empathie ist ein viel stärkerer Sympathie-Faktor.

> Chefs halten Mitarbeiter für umso sympathischer, je besser sich diese in den Chef einfühlen und auf ihn eingehen können. Ziehen wir aus dieser Tatsache erst einmal den Umkehrschluss: Je intensiver und anhaltender Sie dem Chef auf die Nerven gehen, desto weniger Chancen hat Ihr nächster Gehaltswunsch.

Schwierige Mitarbeiter kriegen weniger Gehalt

Wenn der Chef auch nach Sympathie-Faktor bezahlt, heißt das: Ein Mitarbeiter, der laufend die Provokation sucht, ein Streitgespräch nach dem anderen vom Zaun bricht, sich als schwieriger Mitarbeiter profiliert, dem Chef ständig Kontra gibt, jede Idee zuerst mal bekrittelt, viel Zynik und Ironie verwendet, den Abteilungsclown oder den Jammerlappen gibt –, der darf sich nicht wundern, wenn er mit seinen Gehaltswünschen beim Chef auf taube Ohren oder mächtig Gegenwind stößt. Oder anders formuliert: Ein schwieriger Mitarbeiter muss schon überragende Erfolge vorweisen können, um vom Chef mehr Geld zu bekommen. Ein sympathischer Mitarbeiter dagegen kriegt schon bei mittelmäßigen Erfolgen eher mehr Gehalt.

> Wenn Sie dem Chef (auch unbewusst!) ständig Kontra geben, stehen Sie eher auf der Abschussliste als auf der Gehaltserhöhungsliste.

Das heißt nicht, dass Sie aus Ihrem Herzen eine Mördergrube machen oder dem Chef nach dem Mund reden sollen. Oh nein! Sie sollten lediglich das alte Sprichwort bedenken: Allzu viel ist ungesund. Kritik ist etwas, das kein Mensch gut verträgt. Also gehen Sie sorgsam damit um.

Geben Sie dem Chef nicht jedes Mal, wenn es nötig oder nützlich wäre, negatives Feedback. Das verträgt kein normaler Mensch und auch kein Chef auf Dauer.

Die Dosis macht das Gift. Negatives Feedback sollten Sie gegenüber Chefs nur dosiert, nicht unüberlegt oder gar willkürlich, einsetzen. Überlegen Sie es sich zweimal, bevor Sie dem Chef aufs Brot schmieren, dass eine seiner hochfliegenden Ideen sich mal wieder als Fehlschlag entpuppt hat.
Auch wirkt sich positiv auf Klima und Gehalt aus, wenn Sie sich eine beziehungsfreundliche Form von Feedback, wie zum Beispiel das Positiv/Negativ-Feedback angewöhnen, bei dem man jeder Negativmeldung erst mal eine positive voranschickt. Also nicht: „Chef, Ihr Entwurf für die Kampagne ist eben vom Kunden abgeschmettert worden." Sondern: „Chef, der Kunde hat Ihren Medien-Mix ganz fantastisch gefunden. Er meint lediglich, dass ihm der Etat zu groß ist. Könnten Sie ihm einen Vorschlag machen, der ungefähr 20 Prozent darunter liegt?" Das ist derselbe Inhalt – aber positiv/negativ so aufbereitet, dass Ihre Gehaltsaussichten nicht darunter leiden.

Zitat aus einem Zeitungsbericht zum Gehaltsgefälle zwischen den Geschlechtern: „Ein Grund für die herrschende Ungleichheit könnte unter anderem sein, dass Männer öfter Überstunden machen als Frauen." Diese Vermutung führen Männer häufig an, um den Gehaltsunterschied zu bagatellisieren. Als ob es nicht Studien gäbe, die diesen Faktor bereits berücksichtigt hätten. Und sie kommen zu dem eindeutigen Ergebnis: Selbst wenn man die Überstunden abzieht, verdienen Männer immer noch mehr als Frauen.

Wenn Sie den Chef kritisieren: Keine Absolutismen!

Frauen gelten als beziehungsorientiert. Deshalb wundert es doch sehr, dass sie bei Negativ-Feedback häufig die Chefbeziehung beschädigen. Betrachten wir folgende Rückmeldungen aus dem Arbeitsalltag:

- „Chef, Sie geben die Berichte immer erst so spät rein!"
- „Ich muss für jeden Kundenbrief erst mühsam die Kundendaten aufrufen!"
- „Das ist doch jedes Mal dasselbe Ärgernis!"

Was fällt an diesen drei Rückmeldungen auf – außer dass sich hier drei Mitarbeiterinnen (möglicherweise zu Recht) über den Chef aufregen? Was glauben Sie, wie reagiert der Chef darauf? Negativ. Warum? Weil er nicht mit Kritik umgehen kann? Nein, weil kein Mensch mit Kritik umgehen kann, in der folgende Reizworte auftauchen: immer, jeder, alle, jedes Mal, dauernd, ständig, nie – das alles sind so genannte Absolutismen: Sie lassen keine Ausnahme zu. Absolutismen bringen jeden Feedback-Nehmer auf die Palme, weil sie zwischen den Zeilen sagen: „Du kriegst das *nie* auf die Reihe! Du machst das *immer* falsch!" Das lässt sich kein normaler Mensch sagen, ohne sauer zu werden.

Frauen, die kein vorwurfsfreies Feedback geben können, gelten schnell als Zicke.

Und Zicken kriegen nun mal nicht bevorzugt mehr Gehalt.

Verkneifen Sie es sich, den Chef zu werten

Wenn Frauen angeblich so beziehungsorientiert kommunizieren, warum verwenden sie dann so auffällig oft Absolutismen? Weil wir nicht nur beziehungsorientiert sind, sondern auch sehr emotional. Wenn wir sauer sind, machen wir aus unserem Herzen keine Mördergrube, sondern sprechen das aus. Nicht so verletzend direkt wie Männer, sondern eher indirekt; eben zum Beispiel mit Absolutismen. Was uns dabei auch oft rausrutscht, sind Wertungen. Um zwei Rückmeldungen von oben aufzugreifen:

- „Ich muss für jeden Kundenbrief erst *mühsam* die Kundendaten aufrufen!"
- „Das ist doch jedes Mal dasselbe *Ärgernis*!"

‚Mühsam' und ‚Ärgernis' sind Wertungen. Wertungen provozieren. Und wer häufig provoziert, den provoziert der Chef gerne zurück – zum Beispiel im Gehaltsgespräch.

Wie würden Sie das Feedback *ohne* Wertungen formulieren?

____

____

____

Mögliche Formulierungen sind zum Beispiel: „Für jeden Kundenbrief brauche ich die Kundendaten. Wenn Sie mir diese beilegen, sparen Sie mir eine Menge Bearbeitungszeit." Und: „Das schafft jedes Mal ein großes Problem. Wie könnten wir das vermeiden?"

Warum zicken Männer nicht?

Warum müssen wir uns beim Thema Gehaltsgespräch überhaupt über die Feedback-Gewohnheiten von Frauen unterhalten? Sind Männer nicht bekanntermaßen viel direkter, offener, beziehungsschädlicher und verletzender in ihrer Kommunikation? In der Regel (und der Beziehung!) ja, doch bei der Arbeit praktizieren sie die Ausnahme:

!

Männer halten den Mund und schleimen sich beim Chef ein, Frauen sprechen Missstände mutig an.

Darauf sind Frauen oft sogar noch stolz. Regine, die Kontakterin, wird zum Beispiel nicht müde, KollegInnen und Freunden zu erzählen: „Ich bin die Einzige in diesem Laden, die den Mund aufmacht und den Finger auf die wunden Punkte legt." Autsch, kann man da nur sagen. Wenn sie die Einzige ist, die den Chef und die Kollegen immer wieder auf ihre Fehler und Versäumnisse hinweist, dann ist auch klar, warum sie als Einzige immer noch auf ihren Firmenwagen wartet.
Fangen Sie nicht zu schleimen an – aber dosieren Sie negatives Feedback wie ein guter Arzt jedes Gift dosiert: mit therapeutischem Sachverstand.

„Selbst in frauentypischen Berufen kommen Männer schneller zu etwas, beispielsweise zum eigenen Friseursalon." Aus: *Augsburger Allgemeine Zeitung*, 7.3.98

Tun Sie dem Chef Gutes

Wenn Sie sich nicht (unbewusst und unbedacht) als schwierige Mitarbeiterin profilieren, Ihr Feedback vorwurfsfrei gestalten und sich Absolutismen und Wertungen verkneifen, erhöhen Sie damit Ihre Gehaltsaussichten bereits dramatisch.

Es ist gut, wenn Sie vermeiden, dem Chef unsympathisch aufzufallen. Noch besser ist, wenn Sie ihm positiv auffallen.

Wie fallen Sie ihm positiv auf? Nun, fühlen Sie sich doch mal in ihn ein: Was können Sie ihm Gutes tun? Viele Chefs lassen tagtäglich Bemerkungen fallen wie:

- „Das sollte dringend abgestellt werden."
- „Was ist eigentlich mit ... ?"
- „Mich würde mal interessieren, warum ... "
- „Könnten wir da nicht auch mal ... ?"
- „Warum läuft das eigentlich nicht?"
- „Darum sollte sich mal jemand kümmern."

Kümmert sich jemand darum? Aber woher denn! Man ärgert sich höchstens darüber, welche Ideen der Chef den lieben langen Tag ausbrütet, anstatt seine MitarbeiterInnen in Ruhe arbeiten zu lassen.

Stellen Sie Ihren Ärger über die Extrawünsche des Chefs mal beiseite und übernehmen Sie hin und wieder eine seiner Anregungen, die Sie vor nicht allzu große Härten stellt. Chefs Sonderwünsche sind in Wirklichkeit Einladungen zur Gehaltserhöhung.

Manchmal muss frau dafür in den sauren Apfel beißen – doch es lohnt sich.

z.B

Sandra hat eine Woche lang eine halbe Stunde täglich an den Excel-Tabellen gebastelt, die keiner wirklich braucht, an denen der Chef jedoch einen Narren gefressen hat. Verena hat drei Angebote für einen neuen Kopierer eingeholt, von dem sie genau weiß, dass kein Geld dafür da ist – doch der Chef wünscht sich eben einen neuen Kopierer. Ludmilla telefoniert alle im letzten Quartal abgesprungenen Kunden durch, obwohl sie weiß, dass es derzeit Wichtigeres gibt – doch dem Chef liegt das am Herzen.

Was haben alle drei Frauen gemeinsam? Sie tun sich bei ihrem nächsten Gehaltswunsch leichter. Denn sie haben sich in ihren Chef eingefühlt, seine Herzenswünsche gelesen, einige davon erfüllt. Dafür wird sich der Chef erkenntlich zeigen – wenn und sofern die drei Frauen diese Wunscherfüllung im nächsten Gehaltsgespräch zur Sprache bringen (womit sich Frauen erfahrungsgemäß schwer tun). Dass jede Mitarbeiterin ihre Arbeit erledigt, ist für einen Chef selbstverständlich. Doch wenn eine Mitarbeiterin ihm einen Herzenswunsch erfüllt – das ist schon was Besonderes.

Immer wenn Sie dem Chef ein lästiges Problem abnehmen oder einen Herzenswunsch erfüllen, sammeln Sie Punkte für Ihre nächste Gehaltserhöhung.

Das Schöne daran: Lästige Probleme und Herzenswünsche hat der Chef genug! Sie haben freie Auswahl! Das setzt voraus, dass frau die Auswahl erst einmal wahrnimmt. Daran scheitert das Vorhaben am häufigsten: Die meisten Mitarbeiterinnen regen sich in erster Linie über die Extrawünsche des Chefs auf oder ignorieren sie geflissentlich, weil sie von der „eigentlichen" Arbeit abhalten. Diese Extrawünsche als Sprungbrett für ihren eigenen Gehaltswunsch zu betrachten, darauf muss frau erst einmal kommen.

Ihr Chef ist ein Jammerlappen?

Christel sagte bei ihrem letzten Gehaltsgespräch: „Jetzt, wo die Auftragslage wieder anzieht, könnten wir über eine Anpassung meines Gehalts reden." Was sagte der Chef darauf? „Was heißt hier angezogen? Wir liegen immer noch unter dem Vorjahreswert!" Christel ist sauer: „Dem fällt doch jedes Mal was Neues ein! Der vertröstet mich nur! Der will mir nicht wirklich mehr Gehalt geben!" Wie kommt sie nur darauf?

Ihre etwas erfahrenere Kollegin macht sie auf den Irrtum aufmerksam: „Der Chef jammert doch ständig! Also erzähl ihm nicht, dass es uns momentan gut geht. Das will er nicht hören. Du kennst ihn doch!" Nein, gerade das tut Christel nicht. Sie arbeitet inzwischen fast zwei Jahre für den Chef. In dieser Zeit hat sie sich schon oft darüber mokiert, dass er immer was zu jammern hat. Doch im Gehaltsgespräch vergisst sie das und versucht dem Chef einzureden, dass es der Firma gut geht.

Sie kennen Ihren Chef. Welches sind seine Eigenarten, Macken, Vorlieben? Und was bedeutet das für Ihr Gehaltsgespräch?

Wenn der Chef ein Jammerer ist, kommen Sie ihm bloß nicht mit einer frohen Botschaft. Das will er nicht hören. Was können Sie stattdessen tun? Mitjammern: „Ich habe jetzt noch ein Aufgabengebiet übernommen, ich bin total überlastet, das wird immer noch schlimmer ... Ich weiß, dass es der Firma gerade schlecht geht, aber ich brauche dringend eine Gehaltsanpassung." Das hört sich etwas verquer an, kommt bei einem Jammerchef aber um Längen besser an als strahlender Optimismus. Was ist, wenn der Chef daraufhin trotzdem die angeblich schlechte Lage der Firma anspricht? Auf keinen Fall widersprechen, sondern einfach darauf eingehen: „... das wird immer noch schlimmer statt besser ... Ich brauche dringend eine Gehaltsanpassung." „Wie stellen Sie sich das vor? Wir haben immer noch nicht unsere Vorjahreswerte erreicht!" „Ich weiß, dass wir es uns gerade nicht wirklich leisten können, aber es ist einfach nötig."

Widersprechen Sie einem Jammerer nicht. Das artet nur in eine Streiterei aus. Geben Sie ihm Recht, jammern Sie mit – und fordern Sie mehr Gehalt.
Wer den Kommunikationsstil vom Chef kopiert, erhöht die Chancen auf Gehaltserhöhung dramatisch.

Dieses Kopieren nennt man übrigens Pacing (wörtlich: mit einem anderen mitgehen). Das Ergebnis von Pacing ist der so genannte Rapport (gesprochen: Rapoor), die gute Beziehung zum Gesprächspartner.

„In einer Studie hat das Wirtschafts- und Sozialwissenschaftliche Institut (WSI) einmal mehr ‚alarmierende Einkommensabstände' festgestellt. Vergleiche man verschiedene Wirtschaftszweige, lägen die Spitzenverdienste der Frauen etwa genauso hoch wie der niedrigste Durchschnittsverdienst der Männer." Aus: *Augsburger Allgemeine Zeitung*, 7.3.98

So überzeugen Sie den Zahlenchef

z.B

Michaela: „Ich denke, meine gestiegene Aufgabenfülle rechtfertigt eine Gehaltsanpassung."
Chef: „Wieso? Was leisten Sie denn Großartiges mehr?"
„Na, ich habe den neuen Kunden übernommen und letzten Monat das QS-Projekt."
„Frau Schmidt, es kommt nicht darauf an, was Sie alles übernehmen, sondern was dabei rauskommt."

Michaela kocht nach dem erfolglosen Gehaltsgespräch vor Wut und Frustration: „Immer der mit seinen doofen Sprüchen. ‚Es kommt drauf an, was dabei rauskommt' – was soll das denn heißen?"

Das soll heißen, dass Michaela ihren Chef nicht gut genug kennt – obwohl sie schon lange genug für ihn arbeitet. Der Chef leidet unter einer bei Chefs weit verbreiteten Krankheit: Viele Chefs leiden unter dem Output-Virus.

Keine Sorge, das ist nicht ansteckend. Das heißt nur, dass infizierten Chefs gleichgültig ist, wie viel Überstunden Sie schieben oder wie viel Engagement Sie in die Arbeit investieren. Ihnen kommt es ausschließlich darauf an, „was unterm Strich rauskommt", was „die Bottomline" ist, „ob sich das rechnet" – Sie kennen doch die Sprüche solcher Chefs! Zählt Ihrer auch dazu? Sie wissen das nicht? Dann sollten Sie Ihrem Chef besser zuhören.

Jeder Chef verrät Ihnen von sich aus, wo sein Knopf für Gehaltserhöhungen sitzt – nämlich durch seine eigenen Worte. Oder wie der Wissenschaftler sagt: Jede Kommunikation ist auch Selbstoffenbarung. Gut für die, die diese Offenbarung lesen können.

Ein weiteres Symptom des Output-Syndroms ist eine starke Fixierung auf Zahlen: Der Chef lässt nur gelten, was sich in harten Zahlen belegen lässt. Seit Michaela von ihrer Kollegin aufgeklärt wurde und zusätzlich ein Gehaltscoaching absolviert hat, argumentiert sie anders.

„Innerhalb der letzten 12 Monate (Zahl!), ist meine Arbeitsbelastung um 64 Prozent (Zahl!) gestiegen (das muss nicht stimmen; Hauptsache Zahl!). Die Auftragssumme der von mir betreuten Kunden hat sich um 37 Prozent (Zahl!) erhöht. Das QS-Projekt, das ich leite, wird uns Kosten in Höhe von 8000 Euro (Zahl!) sparen. Deshalb halte ich es nur für recht und billig, wenn wir heute mein Gehalt um 200 Euro anpassen."

Wie schätzen Sie die Erfolgswahrscheinlichkeit dieser Argumentation ein? Auf jeden Fall bedeutend höher als die der eingangs erwähnten.

Sprechen Sie den Kopf des Kopfchefs an

Aus der Vorgehensweise beim Zahlenchef können wir das allgemein gültige Prinzip ableiten.

Was ist Ihr Chef für ein Typ? Wenn Sie auf diesen Typ eingehen, erhöhen Sie Ihre Erfolgsaussichten extrem! Reden Sie auf keinen Fall gegen diesen Typ an!

Der Zahlenchef ist dank seiner offensichtlichen Fixierung auf Zahlen gut erkennbar. Etwas schärfer muss frau beim Kopfchef hinhören. Seine Neigung ist nicht so offensichtlich, weil er als Kopfmensch eher kühl und zurückhaltend agiert – doch selbst das ist schon ein nonverbaler Hinweis. Verbale Hinweise sind Sprachwendungen wie:

- „Das ist doch logisch!"
- „Ist das nicht völlig klar?"
- „Das machen wir schon aus Prinzip nicht."
- „Wenn wir das mal kühl und distanziert betrachten ... "
- „Bitte bleiben Sie sachlich."
- „Was soll die Gefühlsduselei?"

Kopfchefs legen größten Wert auf logische Betrachtungsweise, auf Klarheit der Form, Struktur und Kommunikation, auf Prinzipien wie Leistungsgerechtigkeit, Fairness oder Äquivalenz (man kriegt nur so viel, wie man leistet).
Wenn ein Chef darauf Wert legt, dann respektieren Sie das auch bei der Formulierung Ihres Gehaltswunsches, zum Beispiel: „Angesichts meines erweiterten Verantwortungsbereiches finde ich es nur logisch und fair, dass auch mein Gehalt angepasst wird.“ Ein Kopfchef kann sich schwer der Logik und Fairness entziehen, weil das zwei seiner zentralen Wertvorstellungen sind.

Wenn Sie Ihre Argumentation auf den Werten des Chefs aufbauen, können Sie praktisch nicht verlieren. Kommen Sie bei Kopfchefs sofort auf den Punkt.

Die können es nämlich überhaupt nicht ab, wenn Sie zuerst Beziehungspflege machen und über Gott und die Welt reden oder Ihrem Gehaltswunsch umständliche Erläuterungen voranschicken. Kopfchefs wollen nur eines hören: „Ich möchte Sie heute um eine Gehaltserhöhung bitten aus folgenden drei Gründen: ... “
Viele Frauen meinen, sie müssten Gehaltserhöhungen besonders vorsichtig, emotional abgepuffert und beziehungsfreundlich formulieren, um den Chef nicht zu vergrätzen. Das trifft jedoch nur auf den Bauchchef (s.u.) zu! Wenn Sie einem Kopfchef emotional gut abgefedert kommen, dann geht er innerlich auf 180, weil er diese „Gefühlsduselei“ und „Dummschwätzerei“ auf den Tod nicht ausstehen kann. Also typisieren Sie Ihren Chef erst mal, bevor Sie ihn ansprechen; das gilt übrigens nicht nur für die Gehaltsverhandlung.

„Auch bei Berufen mit höherer Qualifikation hinkt das Einkommen von Frauen dem der Männer hinterher: Weibliche Angestellte mit Fachhochschul- oder Universitätsabschluss erreichen nur etwa 70 Prozent des Einkommens ebenso ausgebildeter Männer." Aus einer Studie des Wirtschafts- und Sozialwissenschaftlichen Instituts (WSI)

Bei Bauchchefs den Bauch ansprechen

Das Gegenteil vom Kopfchef ist der Bauchchef. Er hat mit kühler Logik wenig am Hut. Er ist eher der emotionale Typ, was Sie an Sprachwendungen erkennen wie:

- ❑ „Da habe ich ein ganz besch... Gefühl dabei."
- ❑ „So können Sie mit dem Kunden doch nicht reden!"
- ❑ „Mein Bauchgefühl sagt mir ... "
- ❑ „Das fühlt sich einfach nicht richtig an."
- ❑ „Damit fühle ich mich nicht wohl."
- ❑ „Das peppt nicht, das reißt mich nicht vom Hocker!"

Ist der Chef eher ein emotionaler Typ, argumentieren Sie auch emotional.

Also auf keinen Fall kühl und quantitativ wie beim Kopfchef, sondern eher so: „Also wenn ich nicht mehr Gehalt bekomme, dann habe ich ein echtes Motivationsproblem bei der Arbeit. Verglichen mit meinem gesteigerten Engagement ist mein derzeitiges Gehalt einfach wenig begeisterungsfähig. Ich habe kein gutes Gefühl dabei, so viel mehr zu leisten und immer noch dasselbe zu bekommen." Der Kopfchef würde daraufhin sagen: „Was geht mich Ihr Gefühl an?" Der Bauchchef jedoch fühlt mit Ihnen – genau das wollen Sie erreichen.

Fallen Sie beim Bauchchef nicht mit der Tür ins Haus. Machen Sie zuerst die nötige Beziehungspflege, bevor Sie Ihren Gehaltswunsch äußern.

Wir sahen oben, dass Kopfchefs eine schnelle Ansprache favorisieren: „Ich wünsche eine Gehaltserhöhung aus folgenden Gründen ... " Wenn Sie in dieser Kürze zu einem Bauchchef reden, ist er schon so eingeschnappt, dass Sie kaum noch Chancen haben. Bauchchefs reden gerne erst einmal über Gott und die Welt, das beiderseitige Befinden und die möglichen Gründe für eine Gehaltserhöhung. Erst danach können Sie dann vorsichtig, emotional und beziehungsfreundlich Ihren Gehaltswunsch aussprechen.

Keine Angst vor Cholerikerchefs!

Beim cholerischen Chef fällt das Pacing am schwersten. Wobei cholerisch im ursprünglichen griechisch-antiken Sinne verstanden wird: ein Mensch, der gern und viel anpackt, dem es dabei nicht schnell genug gehen kann und der deshalb sehr ungeduldig und ungehalten sein kann. Also ein Macher, ein Anpacker. Leider tendieren Macher oft zu brüsken Ablehnungen wie zum Beispiel Ulrikes Chef, der auf ihren letzten Gehaltswunsch hin lospolterte: „Nun kommen Sie mir doch nicht damit! Mehr Gehalt! Haben Sie nichts Wichtigeres zu tun? Sie gehen jetzt besser zurück an die Arbeit!"
Gewiss, das verletzt. Und weil es verletzt, reagiert frau meist verkehrt darauf.

Reagieren Sie nicht auf das, *was* ein Mensch Ihnen sagt, sondern *wie* er es sagt.

Wenn ein Choleriker Ihnen cholerisch kommt, dann tun Sie nicht, was er Ihnen aufträgt, sondern werden Sie ebenfalls cholerisch. Das erforderte in Ulrikes Fall drei Coachingstunden. Das hätte sie aber auch mit etwas Zeitaufwand vor dem Spiegel üben können. Jedenfalls packt Ulrike den Chef bei seinem nächsten Ausbruch anders an. Sie weiß, dass er ein Macher ist, deshalb stellt sie ihre Argumentation aufs Machen, Anpacken, Hinkriegen ab:

> Chef: „Jetzt kommen Sie schon wieder damit! Halten Sie mich doch nicht mit solchen Nebensächlichkeiten auf!“
> Ulrike: „Stimmt, das ist eine Nebensächlichkeit, aber sie hält meine Arbeit auch ganz schön auf. Eigentlich habe ich Wichtigeres zu tun, als mit Ihnen über mein Gehalt zu debattieren. Wissen Sie was? Wir machen hier und jetzt (Signalworte für Choleriker!) Nägel mit Köpfen (Signalwort!) und regeln die Sache mal schnell (!). Damit wir das endlich abhaken (!) können. Wäre doch gelacht, wenn wir das nicht stemmen (!) würden.“
> Chef: „Ich würde ja schon gerne, aber ich habe derzeit keinen Spielraum!“
> Ulrike: „Ach was, Herr Doktor Müller, nun erzählen Sie mir bloß nicht, dass Sie das nicht irgendwie hinkriegen (!) können. Da muss doch was zu machen (!) sein.“

Und so weiter. Bis der Chef sich nach fünf Minuten cholerischen, das heißt recht lebhaften Austauschs zu einem finanziellen Zugeständnis überreden ließ. Einem Choleriker muss man cholerisch kommen. Jetzt wissen Sie auch, warum es bei einem cholerischen Chef nichts bringt, die beleidigte Leberwurst oder die kühl argumentierende Mitarbeiterin zu spielen: Ein Choleriker kann mit diesen Sprachstilen herzlich wenig anfangen. Er versteht sie kaum.

> Sprechen Sie Chef? Wenn Sie mit Chefs reden, sollten Sie Sprachgebrauch und Sprachstil des Chefs zwar nicht perfekt, aber doch erkennbar imitieren (pacen) können.

Das erfordert zwar etwas Übung, macht aber riesig Spaß, erfolgreich und beliebt. Über Ulrike sagt ihr cholerischen Chef inzwischen: „Mit der kann man Tacheles reden. Die ist nicht so eine Mimose wie ihre Kolleginnen!"

Tragen Sie den wankelmütigen Chef zum Jagen

Viele Chefs sagen eine Gehaltsaufbesserung zu – und danach passiert wochenlang nichts. Spontanreaktionen vieler Frauen: „Der will mich verscheißern!" „Der hält mich hin!" „Der hat mich vergessen!" „Der will mich für dumm verkaufen!" Wirklich?

> Chefs sind meist nicht bösartig, sondern werden einfach nur missverstanden.

Wenn ein Chef etwas nicht tut, was er zugesagt hat, dann in der Regel nicht aus bösem Willen, sondern aus einem Grund, der so offensichtlich ist, dass ihn viele Frauen übersehen: Weil er's schlicht vergessen hat.

Ärgern Sie sich nicht über einen unzuverlässigen Chef, sondern lassen Sie ihm den nötigen Service angedeihen: Erinnern Sie ihn einfach an sein Versprechen – aber bitte vorwurfsfrei. Am besten geht das mit Fragen, zum Beispiel: „Soweit ich mich erinnere, wollten Sie mein Gehalt zum letzten Ersten aufstocken. Welches Problem ist jetzt aufgetreten?" Beim Erinnern gilt: Steter Tropfen höhlt den Stein. Je öfter Sie freundlich und vorwurfsfrei erinnern, desto eher kommt der Chef in die Gänge.

„Junge Akademikerinnen sehen erst nach dem Examen, dass der Karrieresprung ausbleibt und ihr Mann mit dem schlechteren Ergebnis an ihnen vorbeizieht. ‚Sie nehmen das erste Angebot an und denken, die merken schon noch, wie toll ich bin – eine Milchmädchenrechnung', warnt Professorin Gertraude Krell vom Institut für Management an der freien Universität Berlin." Aus: *Augsburger Allgemeine Zeitung*, 7.3.98

Ohren auf im MAG

In vielen Unternehmen ist das MAG, das Mitarbeitergespräch, seit einiger Zeit offiziell eingeführt: Einmal im Jahr erklärt der Chef jedem seiner Mitarbeiter, was er von ihm hält und erwartet. Falls das MAG bei Ihnen noch nicht eingeführt ist: Es gibt genügend informelle Gespräche, in denen Ihr Chef Ihnen erklärt, was er von Ihnen alles erwartet. Für die meisten MitarbeiterInnen sind diese Gespräch lästig: „Man redet über Dinge, an die man sich nicht mehr erinnern kann, und über Dinge, die sowieso nie kommen werden." Das höre ich oft. Was dabei übersehen wird: Die meisten Mitarbeiter versuchen, das unangenehme MAG so schnell wie möglich abzuhaken. Dabei ist es ein perfekter Steilpass für mehr Gehalt.
Denn je unangenehmer das ist, was der Chef Ihnen in diesem Gespräch sagt, desto eher ist er bereit, mehr zu bezahlen, wenn Sie ihm den Wunsch erfüllen.
Notieren Sie wirklich alle Wünsche des Chefs im MAG oder vergleichbaren Gesprächen möglichst wörtlich. Fragen Sie nach, wann konkret er seine Wünsche als erfüllt betrachtet, welches also seine Zielkriterien sind. Warum das? Betrachten wir ein Beispiel.

Thea ist Jungmanagerin. In ihrem ersten MAG hört sie konsterniert, dass sie „einfach zu wenig unternehmerische Initiative entwickelt". Zerknirscht schleicht sie von dannen und bemüht sich in den Folgemonaten, sich mehr wie ein richtiger Unternehmer, ein so genannter Intrapreneur, zu verhalten.
Dafür kauft sie sich sogar ein Buch über Intrapreneurship, nur um im nächsten MAG denselben Vorwurf wieder zu hören! Weil sie ihre Mentorin jedoch daraufhin vorbereitet hat, entspinnt sich danach folgender Dialog:
Thea: „Was genau verstehen Sie unter unternehmerischer Initiative?"
Chef: „Na, ich meine, ist doch klar, oder? Sie sind hier kein gewöhnlicher Mitarbeiter, also geben Sie sich auch wie eine Führungskraft!"
Thea: „Woran würden Sie erkennen, dass ich mich wie eine Führungskraft gebe?"
Chef: „Was soll die Frage? Ist doch klar. Sie haben hier noch keine einzige Präsentation gehalten oder ein Referat vor den Azubis!"

Thea fällt aus allen Wolken. Bislang meinte sie, ‚unternehmerische Initiative' bestünde in der Gewinnmaximierung ihres Verantwortungsbereichs und dem Anleiern vieler profitabler Projekte. Dass der Chef damit Impression Management meint, darauf wäre sie nie gekommen.
Seit sie dem Chef auf den Zahn gefühlt hat, hat sie monatlich ein, zwei Präsentationen gehalten und sich als Dauerreferentin für die Azubis beim Ausbildungsleiter eingetragen. Sie ist davon überzeugt, dass sie damit die MAG-Wünsche des Chefs erfüllt hat. Doch dabei belässt sie es nicht.

Verpflichten Sie den Chef im nächsten Gehaltsgespräch auf seine MAG-Wünsche. Musterformulierungen können Sie von Thea abgucken:

„Erinnern Sie sich noch, dass Sie sich im letzten MAG mehr unternehmerische Initiative von mir wünschten?"
„Ja klar, das war ein wichtiger Punkt."
„Sie haben sicher schon bemerkt, dass ich seit diesem Gespräch über ein Dutzend Präsentationen vor fast dem kompletten Bereich gehalten habe. Außerdem referiere ich jeden Donnerstagnachmittag vor den Azubis. Was halten Sie davon?"
„Ja, gut, genau das wollte ich von Ihnen sehen!"
„Sie sind zufrieden damit?"
„Ja, natürlich, so habe ich mir das vorgestellt!"
„Danke, dass Sie meine Leistung honorieren. Ich würde deshalb gerne über eine Anerkennung meiner Leistung in Euro und Cent reden." Und schon sind die beiden mitten im Gehaltsgespräch.

Andere Musterformulierungen, die gut ankommen, sind:

- „Sie sagen doch immer, ich soll ... Jetzt habe ich ... Was halten Sie als Gegenleistung von einer Gehaltserhöhung?"
- „Sie haben sich doch gewünscht, dass ich ... Ich denke, ich konnte Ihren Wunsch erfüllen. Erfüllen Sie nun meinen nach einer Gehaltserhöhung?"

Was sagen Sie, wenn der Chef kontert: „Moment mal, Mädchen, das ist doch wohl schon ganz selbstverständlich mit Ihrem jetzigen Gehalt abgegolten!"? Dann lächeln Sie freundlich und haben die Erwiderung parat, weil Sie sich vorbereitet haben: „Sie sehen das so? Das überrascht mich jetzt. Ich dachte bislang, dass Ihr Wunsch über das übliche Maß hinausgeht. Ich glaube, wer etwas Besonderes leistet, kann auch eine besondere Gegenleistung erwarten." Und dann diskutieren Sie ganz normal (wie in Kapitel 5 detailliert nachzulesen) darüber, ob Ihre Leistung üblich oder außergewöhnlich ist.

Law & Order im Büro

Viele Chefs sind Ordnungsmenschen – viele Gehaltfordernde jedoch sehr unstrukturiert in ihrer Argumentation. Das schmälert ihre Chancen auf Gehaltserhöhung.

Warum argumentieren viele Frauen unstrukturiert, selbst wenn sie wissen, dass ihr Chef ein Ordnungsfanatiker ist? Weil sie zwar aus einem tief empfundenen Bedürfnis nach mehr Gehalt und mit einer gehörigen Portion Nervosität beim Chef auflaufen – leider jedoch nicht mit einer angemessenen Vorbereitung auf das Gespräch. Dann redet frau „wirres Zeug" oder „im Kreis herum", wie der ordnungsliebende Chef das dann seiner Sekretärin brühwarm kolportiert.

Wenn Sie einen Ordnungsmenschen unstrukturiert anreden, wird Ihr Gehaltswunsch mit hoher Wahrscheinlichkeit nicht deshalb ausgebremst oder abgelehnt, weil Sie zu wenig Leistung bringen, sondern weil Sie unstrukturiert argumentieren!

Ist das nicht verrückt? Mag sein, aber so ist das nun einmal. Greifen Sie lieber zu einer KISS-Strategie: *K*eep *i*t *s*hort and *s*impel. Kurz und einfach sind zum Beispiel folgende beiden Strategien:

A. Die induktive Strategie (erst die Begründungen, dann die Forderung): „Ich habe drei neue Key Accounts übernommen, die Quali zur Projektassistentin absolviert und weise seit drei Monaten alle Neuen ein. Ich denke, ich habe mir eine Gehaltserhöhung verdient."
B. Die deduktive Strategie (genau umgekehrt): „Ich wünsche mir eine Gehaltserhöhung unter anderem aus drei Gründen. Erstens ..."

Es wird berichtet, dass etliche MitarbeiterInnen allein deshalb eine Gehaltserhöhung bei Ordnungschefs „abstaubten", weil ihre Argumentation so gut strukturiert war – nicht unbedingt, weil sie so viel mehr geleistet hätten.

„So clever ist man inzwischen, dass man nicht mehr Mann und Frau nebeneinander ans Fließband stellt und dem Mann für die gleiche Arbeit mehr zahlt. Heute bedient er dann eben einen zusätzlichen Hebel, um den höheren Lohn zu rechtfertigen. Die Diskriminierung läuft jetzt indirekt", sagt Heide Langguth vom DGB Landesbezirk Bayern. Aus: *Augsburger Allgemeine Zeitung*, 7.3.98

Schnellsprecher schnell ansprechen

Je stärker Ihr Rapport zum Chef, desto eher genehmigt er Ihren Gehaltswunsch. Was macht einen starken Rapport? Verbales und nonverbales Pacing. Über die verbale Übereinstimmung haben wir bereits gesprochen. Wenden wir uns nun der nonverbalen zu:

- ❑ Welche Körperhaltung nimmt der Chef im Gespräch ein? Offen, geschlossen? Vorgeneigt oder zurückgelehnt? Aufrecht oder eingesunken? Passen Sie Ihre eigene Körperhaltung an.
- ❑ Was macht seine Gestik? Spiegeln Sie diese dezent.
- ❑ Wie ist seine Mimik? Passen Sie sich an.
- ❑ Wie sind Tonfall und Sprechgeschwindigkeit? Gehen Sie darauf ein.

Wenn eine im Falsett-Staccato sprechende, wild gestikulierende und den Blickkontakt vermeidende Mitarbeiterin einem Blickkontakt suchenden, mit verschränkten Armen dasitzenden und im Brummbär-Bass sprechenden Chef eine Gehaltserhöhung aus dem Kreuz leiern möchte, dann passt das offensichtlich nicht zusammen: Es kommt kein Rapport zustande, weil Körpersprache und Artikulation der Partner nicht zusammenpassen.

Die meisten Frauen werden nie im Bass reden, auch wenn sie sich noch so sehr anstrengen. Das ist auch nicht nötig: Passen Sie sich in Körpersprache und Artikulation dem Chef nur so weit an, wie Ihnen das möglich ist – das reicht schon für einen guten Rapport.

Eine notorische Schnellsprecherin sollte sich gegenüber einem etwas lethargischen Chef also stark abbremsen, eine nervöse Mitarbeiterin gegenüber einem bewusst selbstbewusst auftretenden Chef nicht unbedingt die Beine dreimal übereinander schlagen und die Arme verkrampft verschränken.

Vom richtigen Zeitpunkt

Jedes Kind weiß, dass es nicht besonders klug ist, den Papa während der laufenden Sportschau am Samstagabend um eine Taschengelderhöhung zu bitten. Dasselbe gilt für den Chef: Sprechen Sie den Chef auf mehr Gehalt an, wenn der Zeitpunkt günstig, der Chef gut drauf ist.

Nathalie kennt diesen Zeitpunkt: „Der Chef ist nie besser drauf als auf unserer Jahresmesse. Wer ihn abends in der Hotelbar anhaut, dem erfüllt er in vernünftigem Rahmen jeden Wunsch."

z.B

Wenn das so ist, warum haut ihn dann nicht jeder in der Bar an? Weil Nathalie seltsamerweise die Einzige zu sein scheint, die ihren Chef so genau beobachtet, dass sie seine schwachen Momente erkennen kann. Wer ein waches Auge auf seine Mitmenschen hat, wird immer belohnt.

„Auch im außertariflichen Bereich lauern Fallen. So bekommen Frauen weniger Gehaltserhöhungen, fordern aber auch weniger. Selbst wenn der berufliche Einstieg noch auf derselben Stufe gelungen ist, bleiben sie bald auf der Karriereleiter zurück, werden bei Beförderungen, Zulagen und Fortbildungsangeboten übergangen." Aus: *Augsburger Allgemeine Zeitung*, 7.3.98

Wiederholungstäter

„Jetzt hat der Chef meinen Gehaltswunsch schon wieder mit derselben faden Begründung abgeschmettert! Das ist doch immer dasselbe!" Das kann, das darf nicht sein!

Jedes Mal, wenn der Chef im Gespräch einen Einwand erhebt, den Sie nicht (adäquat) widerlegen können, überlegen Sie sich fürs nächste Mal eine bessere Argumentation.

Anstatt sich darüber zu ärgern, dass dem Chef nichts Neues einfällt! Ärgern Sie sich auch bitte nicht, dass Ihnen *während* des Gesprächs nicht das passende Wort, das bestechende Gegenargument eingefallen ist. Da stellen Sie völlig überhöhte Erwartungen an sich selbst. Nach einem missglückten Gehaltsgespräch ist nichts verloren: Sie haben nahezu unbegrenzte Möglichkeiten, das Gespräch zu wiederholen und es mit jedem neuen Mal etwas besser zu machen.

Sie gewinnen immer!

Menschenkenntnis ist der Schlüssel zum Erfolg im Leben. Je besser Sie den Chef kennen und auf seine Eigenheiten eingehen können, desto leichter und eher gibt er Ihnen mehr Gehalt.

Selbst wenn er das nach einem Gespräch nicht tut, haben Sie Erfolg. Viele Frauen im Berufsleben berichten: „Seit ich weiß, worauf ich bei ihm achten muss und darauf eingehen kann, gibt er mir nicht nach jedem Gehaltsgespräch mehr Geld – doch jedes Gespräch ist ein Gewinn für unsere Beziehung, weil ich einfach besser auf ihn eingehen kann." Dieser Zusammenhang konstituiert eine schöne Zirkularität:

Je besser Sie auf den Chef eingehen können, desto erfolgreicher sind Sie im Gehaltsgespräch. Und je besser Sie Gehaltsgespräche führen können, desto besser werden Sie mit Ihrem Chef auskommen.

Und das gilt nicht nur für Ihre Beziehung zum Chef. Viele Frauen berichten, dass sie nach einem Gehaltstraining oder -Coaching auch viel besser mit Beziehungspartnern, Eltern, Kindern, Kollegen, Geschäftspartnern und Kunden umgehen können – weil sie gelernt haben, besser auf Menschen einzugehen.

5 Frauen geben zu schnell auf

Viele Frauen kämpfen in Verhandlungen nicht hart genug oder schlimmstenfalls überhaupt nicht! Sie stimmen einfach den angebotenen Bedingungen zu und sind froh, wenn das Gespräch harmonisch bleibt.
Anne Jacoby, Autorin

Und wenn der Chef Nein sagt?

Mitarbeiterin: „Chef, ich möchte mehr Gehalt."
Chef: „Tut mir leid, das ist gerade nicht drin."
Mitarbeiterin: „Na gut, dann eben nicht."
Zugegeben, dieser Dialog ist ein wenig überzeichnet – aber nur ein wenig: Frauen geben bei Gehaltsgesprächen viel zu schnell auf.
Was heißt hier zu schnell? Was sollen Frauen denn schon einwenden, wenn Chefs ihre Gehaltswünsche mit folgenden Killersprüchen abfertigen?

- ❑ „Bei der aktuellen Auftragslage? Das können wir uns nicht leisten!"
- ❑ „Das habe ich derzeit einfach nicht im Budget!"
- ❑ „Sie wissen doch, dass gerade ein Kostensenkungsprojekt läuft!"
- ❑ „Wollen Sie uns ruinieren?"

- „Och, Frau Meier, das können Sie mir doch nicht antun! Jetzt doch nicht!"
- „Vor der Tür stehen 20 Bewerber, die gerne Ihre Stelle übernehmen."

Sie kennen sicher einige dieser Chef-Absagen vom Hörensagen oder aus eigener leidvoller Erfahrung. Welche Lieblingsabsage(n) hat Ihr Chef? Wie fühlen Sie sich dabei? Warum tut er Ihnen das an? Warum gibt er Ihnen nicht einfach das Geld, das Sie sich verdient haben? Obwohl sich viele Frauen diese Frage stellen – genau diese Frage stellt sich nicht.
Das Problem ist nicht die Absage vom Chef, sondern wie Sie damit umgehen.

Die zwar bequemste, aber unproduktivste Art, mit einer Chef-Absage umzugehen, ist, sie wörtlich zu nehmen, mit ihr und dem Chef zu hadern, zu resignieren, sich breitschlagen zu lassen, auf den berechtigten Gehaltswunsch zu verzichten. Genau das machen die meisten Frauen. Warum?

Tappen Sie auch so gern in die Harmoniefalle?

Männer denken unbewusst und vorzugsweise sachorientiert: „Ich will mehr Geld, also rüber mit der Kohle!" Frauen denken ebenso unbewusst und vorzugsweise beziehungsorientiert: „Ich möchte mehr Geld – aber nicht, wenn es den Chef (oder die Kollegen) stört!" Aus diesem Harmoniebedürfnis entsteht die weibliche Verhandlungsschwäche: Die meisten Frauen

- geben in Verhandlungen vorschnell auf, nämlich genau dann, wenn die Gesprächsharmonie zu leiden droht;
- geben sich in Verhandlungen mit dem zufrieden, was ihnen vorgeschlagen wird – nur um nicht widersprechen zu müssen;
- gehen in vorauseilendem Gehorsam gleich gar nicht in Verhandlungen, in denen die Harmonie leiden könnte. Das ist

übrigens einer der Gründe, warum Frauen viel seltener Gehaltsgespräche führen als Männer: Sie wollen die befürchtete Harmonietrübung vermeiden.

Überspitzt gesagt: Die Harmoniesucht ist mit schuld daran, dass Frauen weniger verdienen als Männer. Das können Sie rein gefühlsmäßig durchaus nachvollziehen? Dann spüren Sie sicher auch, welches Ihre Aufgabe ist.

Befreien Sie sich aus der Harmoniefalle!

Wie Sie das machen, ist eigentlich egal. Jede Frau wählt dafür ein anderes Rezept – eines, das zu ihr passt. Betrachten wir als kleine Auswahl die hilfreichsten Anti-Fallen-Rezepte.

Anti-Fallen-Cremes

- ❑ Bewusstmachen: Etliche Frauen retten sich bereits dadurch aus der Harmoniefalle, indem sie sich schlicht bewusst machen, dass sie in einer Falle stecken: „Hoppla, drücke ich mich etwa um ein Gehaltsgespräch, bloß weil ich den Chef nicht nerven möchte? Das kann ja wohl nicht angehen!"

Die Einsicht ist eine starke Verbündete – geben Sie ihr eine Chance!

- ❑ Neubewertung: Die eigenen Werte neu priorisieren: „Ich schone den Chef ansonsten, wo es geht – aber jetzt bin *ich* mal dran!"
- ❑ Schwellenwert der Notwendigkeit überschreiten: „Es geht einfach nicht anders. Ich brauche das Geld." Oder: „Ich habe lange genug gute Miene gemacht – jetzt muss ich einfach mal den Mund aufmachen!"
- ❑ Reframing der Absage: „Der Chef meint nicht Nein, wenn er Nein sagt." Das Reframing (die bewusste Umdeutung) ist ein besonders wirksames Mittel gegen die Harmoniefalle. Betrachten wir es genauer.

Wenn der Chef Nein sagt, meint er nicht Nein

Wenn eine Frau Nein sagt, heißt das auch Nein (sie sagt es selten genug). Deshalb meinen Frauen, dass Männer mit einem Nein ebenfalls Nein meinen. Nichts liegt der Wirklichkeit ferner.

Wenn Männer Nein sagen, heißt das nicht Nein. Männer wollen erobert werden.

Wenn ein Mann Nein sagt, heißt das nicht, dass er jetzt *nicht* den Müll raustragen, das Gartentor reparieren oder Ihnen mehr Gehalt zahlen möchte oder wird. Was der Mann damit sagen möchte, ist schlicht: Verhandel mit mir! Überzeug mich! Rede mit mir!

Wir wissen doch alle, dass Männer sehr kompetitiv denken und leben, sich ständig mit anderen messen möchten.

Wenn ein Mann Nein sagt, heißt das deshalb nicht Nein, sondern: „Lass uns das ausfechten!"
Frauen beschweren sich gerne und oft darüber, dass Männer zu wenig mit ihnen reden. Dass Männer dieselbe Beschwerde haben, ist wenigen Frauen bekannt. Viele Vorgesetzte beschweren sich: „Wenn ich zu einem Mitarbeiter Nein sage, dann verhandelt, diskutiert, streitet er mit mir. Das ist nicht immer erquicklich, aber wenigstens sehe ich daran, dass ihm sein Wunsch wirklich wichtig ist – dann fühle ich mich besser, wenn ich eine Konzession mache. Viele Mitarbeiterinnen verhandeln nicht, wehren sich nicht oder nur halbherzig, eingeschnappt oder schnippisch. Warum sollte ich ihnen eine Bitte erfüllen, wenn sie ihnen offensichtlich nicht wichtig genug ist, um mit mir ernsthaft darüber zu reden?"

Männer sind wie Basarhändler: Wenn Sie nicht mit ihnen verhandeln, sind sie gekränkt. Die Sorge, dass sich die Harmonie trübt, wenn Sie nach einem Nein des Chefs weiterverhandeln, ist unbegründet.

Es ist eher das Gegenteil der Fall: Wenn Sie nach einem Nein *nicht* weiterverhandeln, ist der Chef enttäuscht von Ihnen – und verwirrt. Wenn der Chef zu Ihnen Nein sagt, meint er damit eigentlich: „Verhandel gefälligst mit mir, wenn du mehr Geld möchtest!"

z.B

Nadja, eine 27-jährige Angestellte, sagt: „Seit ich verstanden habe, dass es dem Arbeitsklima nicht schadet, mir sogar zu mehr Respekt verhilft, verhandle ich sehr gerne mit Männern, auch richtig hart. Es ist wie Tennisspielen: Man spielt miteinander gegeneinander. Es ist ein Spiel. Es macht sogar Spaß. Vorausgesetzt man kennt die Spielregeln." Und die oberste Spielregel heißt: Wer nicht mitspielt, hat von vornherein verloren.

Frauen erwarten, dass Männer ihnen mehr Gehalt geben, weil sie es verdient haben. Männer erwarten, dass Frauen hart mit ihnen verhandeln, wenn sie mehr Geld wollen – ob sie es nun verdient haben oder nicht.

Wer lebt schon gern als Opfer?

Es gibt jede Menge Bücher über Verhandlungsführung. Leider sind die meisten von Männern für Männer geschrieben. Frauen können mit endlosen Traktaten über Verhandlungstechnik herzlich wenig anfangen, weil ihre Verhandlungsschwäche zunächst wenig mit Technik und viel mit Hemmungen zu tun hat. Die Harmoniefalle (s.o.) ist eine dieser Verhandlungshemmungen, doch es gibt noch etliche andere. Meine Erfahrung aus Training und Coaching ist:

!

Überwinden Frauen erst einmal ihre diversen Verhandlungshemmungen, verhandeln sie danach gut und erfolgreich.

Dass Sie sich hilflos fühlen, heißt noch lange nicht, dass Sie es sind

Eine der häufigsten Verhandlungshemmungen ist die Opferhaltung: „Wenn der Big Boss Nein sagt – was kann ich als kleine Mitarbeiterin schon dagegen ausrichten?“ So denken Menschen, die sich selbst als Opfer der Umstände und des Chefs fühlen: hilflos, wehrlos, aussichtslos. So fühlen wir uns alle manchmal. Das Problem daran ist lediglich: Opfer kriegen selten mehr Gehalt. Ein zweites Problem ist, dass eine solche Einstellung nicht der Realität entspricht. Denn wie der Bayer so schön sagt: A bissel was geht immer – und meistens mehr, als man denkt.

!

Sie können jede Lebenssituation als Lenkerin oder als Gelenkte erleben.

Wenn Ihr Leben ein Bus ist – wo möchten Sie sitzen? In der hintersten Reihe oder hinter dem Steuer?

Ganz hinten im Bus ist es zwar bequem – aber das Steuer Ihres Lebens überlassen Sie mit dieser Platzwahl anderen. Wechseln Sie den Platz! Wie lange noch wollen Sie sich wie ein Opfer fühlen? Tun Sie was! Gerade bei Gehaltsverhandlungen gilt: Je öfter und härter Sie verhandeln, desto größer werden Ihre Chancen auf eine Gehaltsaufbesserung. Das heißt: Sie als „kleine“ Angestellte können sehr wohl etwas gegen den mächtigen Boss ausrichten – wenn Sie’s mutig anpacken!

Übrigens, das Gespräch, über das wir die ganze Zeit reden, heißt Gehalts*verhandlung*. Nomen est omen: Wenn Sie nicht wirklich *verhandeln*, können Sie kaum mehr Gehalt erwarten.

Die Chauvi-Unterstellung

Es ist interessant, Frauen zuzuhören, die begründen, warum sie bei Gehaltsverhandlungen gescheitert sind – oder sie gleich gar nicht aufnehmen. Ein recht häufiges Argument ist die Chauvi-Unterstellung:

- ❏ „Unser Chef hat es eben auf Frauen abgesehen!“
- ❏ „Frauen bekommen in dieser Firma generell weniger.“
- ❏ „Der Chef betrachtet Frauen nur als Sekretärinnen und billige Arbeitskräfte.“

Was lösen diese Äußerungen bei Ihnen aus? Wahrscheinlich erst einmal eine gerechte Empörung: „Was bildet dieser Chauvi sich eigentlich ein?“ Das ist genau das, was solche Äußerungen auslösen sollen: Empörung. Denn wer sich empört, muss nicht handeln, weil er ja im Recht ist. Fragt sich nur: Was wollen Sie? Empört sein, Recht haben – oder mehr Gehalt?

> „In der Politik, im Job und in den Medien kehrt der Geschlechterkampf unter neuen Vorzeichen zurück.“ Sonja Zekri in der *Süddeutschen Zeitung*, 22.1.2005

> Eine geeignete Methode, sich aus dem Schwitzkasten von Hemmungen wie der Chauvi-Unterstellung zu befreien, ist der Reality Check. Betrachten Sie Ihre Hemmung und fragen Sie sich:
>
> - ❏ Was rede ich mir gerade wieder ein?
> - ❏ Stimmt dieser Gedanke tatsächlich mit der Wirklichkeit überein? Würde er zum Beispiel vor Gericht standhalten? Oder mangels Beweisen verworfen werden?
> - ❏ Einmal ganz davon abgesehen, ob ich Recht habe oder nicht – nützt mir dieser Gedanke etwas? Oder schadet er mir bloß, weil er mich zur Tatenlosigkeit verführt?
> - ❏ Hilft mir dieser Gedanke weiter? Komme ich damit meinen Zielen näher?
> - ❏ Wenn nicht: Welche Gedanken würden mich weiterbringen?
> - ❏ Welche Einstellung(en) bringen mich vom Fürchten zum Handeln?

Niemand ist seinen Gedanken hilflos ausgeliefert. Der freie Wille des Menschen impliziert auch, dass er das, was er denkt, frei wählen kann.
Wird die Chauvi-Unterstellung dem Reality Check unterzogen, stellt sich in 95 Prozent der Fälle heraus: Der Chef ist kein Chauvi. Er hat andere Gründe für seine Ablehnung Ihres Gehaltswunsches: Finden Sie heraus, welche, finden Sie überzeugende Gegenargumente dazu – und verhandeln Sie mit ihm darüber.

Der Rationalisierungsbetrug

Machen Sie sich selbst kein X für ein U vor!

Viele Frauen denken nach einer Abfuhr: „Eigentlich hat er ja Recht. Im Moment kann sich das Unternehmen nicht auch noch eine Gehaltserhöhung für mich leisten." Oder: „Naja, so wichtig ist mir eine Gehaltserhöhung jetzt auch nicht." Oder: „Man muss in diesen Zeiten ja schon froh sein, überhaupt einen Job zu haben." Klingt logisch, einleuchtend, rational? Eben nicht. Es klingt nicht rational, sondern rationalisiert. Von Rationalisierung spricht der Psychologe, wenn sich jemand eine Situation mithilfe einer vordergründigen Scheinlogik zurechterklärt.
Der Vorteil der Scheinlogik: Ich habe eine scheinbar logische Erklärung dafür, warum ich nicht weiter mit dem Chef über mehr Geld verhandeln muss. Ich kann ruhigen Gewissens meine eigenen Interessen vergessen. Der Nachteil der Scheinlogik: Sie hat ein Loch. Daran können Sie Scheinlogik in der Regel erkennen. Das Loch ist: Es geht bei Gehaltsverhandlungen wie auch sonst im Leben nicht nur um eine Seite, um das Unternehmen oder den Chef. Es geht auch um mich und meine Interessen. Und wenn ich die Interessen der Gegenseite über meine eigenen Interessen stelle, dann ist das schlicht so unlogisch wie nur was. Es geht nicht darum, dass ich mich auf Kosten der Firma durchsetze, indem ich meinen Gehaltswunsch „durchdrücke". Es geht vielmehr um eine Win-Win-Lösung: Beide Parteien müssen gewinnen – die Firma und ich. Logisch, nicht?

Die Kuschelfalle

Wer jemals feierabends schön kuschelig mit seinem Lieblingsschmöker auf dem Sofa lümmelte und dabei den nagenden Gedanken im Hinterkopf spürte, dass heute Abend eigentlich das Fitness-Studio dran wäre, kennt die Verlockungen der Kuschelfalle: Auf dem Sofa ist's halt so gemütlich. Die Amerikaner nennen diese Zone der Behaglichkeit auch im übertragenen Sinne: Komfortzone.
Auch im Gehaltsgespräch wird die eigene Komfortzone bedroht: Wenn's ungemütlich wird. Wenn's ans Eingemachte geht. Wenn der Chef Nein sagt. Dann geben viele Frauen gerne das Gespräch auf: „Wenigstens ist es dann endlich vorbei. Bevor es hässlich wird." Sie bleiben in ihrer Komfortzone.

Das Nein des Chefs zu erwidern ist zwar so ungemütlich wie an einem kuscheligen Feierabend nochmals raus ins Sportstudio zu gehen und an BBP (Bauch, Beine, Po) zu arbeiten. Doch jede Frau weiß: Manchmal ist es zwar nicht bequem, aber schlicht nötig, die eigene Komfortzone zu verlassen. Weil wir uns sonst eines Morgens nicht mehr im Spiegel sehen möchten.

Die Übertragung dieser Sportmetapher aufs Gehaltsgespräch bewirkt manchmal wahre Wunder. Recht nützlich ist es auch, wenn Sie Ihre Bequemlichkeit ernst nehmen und sich fragen:

Was ist letztlich unbequemer? Einmal fünf Minuten lang im Gehaltsgespräch gegen das Nein vom Chef zu verhandeln – oder Tag für Tag mit dem miesen Gefühl zu arbeiten, weniger zu verdienen, als frau verdient hat?

Mangelnde Kontrollüberzeugung

Hemmungen sind ganz normal

Es erfasst Sie allmählich das kalte Grauen, weil Sie sich bislang bei fast jeder Verhandlungshemmung angesprochen fühlen? Sie können sich das Gruseln sparen: Sie sind vollkommen normal. Jeder gesunde Mensch wird von mehreren hinderlichen Glaubenssätzen behindert. Selbst Männer – die verdrängen ihre Bremsen im Kopf jedoch oft ein Leben lang. Frauen sind einfach reflektierter. Sehen Sie die Sache positiv: Je mehr Blockaden Sie entdecken, umso besser. Denn jede entdeckte Hemmung ist eine schon halb überwundene Hemmung.
Eine Hemmung, die jede Frau kennt, ist der schlichte Zweifel. Oder wie der Psychologe sagt: die mangelnde Kontrollüberzeugung Marke „Meinen Gehaltswunsch kriege ich sowieso nicht durchgesetzt!“.

> Erinnern Sie sich daran, was die Oma schon sagte: Probieren geht über Studieren!

Ist doch piepegal, ob Sie daran glauben oder nicht, dass Sie Ihren Gehaltswunsch durchsetzen können – bringen Sie ihn einfach vor! Beim Golfen fragt man sich ja auch ständig: „Oje, treffe ich diesen Ball oder hau ich jetzt daneben?“ Das denkt jede Golfspielerin dutzendfach auf dem Fairway. Das hat aber meines Wissens noch keine Spielerin davon abgehalten, den nächsten Schlag zu tun. Machen Sie einfach Ihren nächsten Schlag. Sehen Sie Zweifel als das an, was sie sind: Zweifel. Keine Tatsachen. Keine Vorhersagen. Keine Gründe, es nicht zu wagen. Was kann schon passieren? Dass Sie danebenschlagen. Dass der Chef sich erst mal sträubt. So what? Davon geht die Welt nicht unter.

„Die Frauenbewegung hat berauschende Freiheiten gebracht, aber umso größer ist die Frustration, dass sie viele Glücksversprechen nicht eingelöst hat; weil es leichter ist, alte Rollenbilder zu zertrümmern, als neue zu finden; weil die Evolution so verdammt zäh ist, weil der Weg doch länger ist als gedacht, weil Frauen meist immer noch weniger verdienen als Männer. ‚Das Patriarchat', höhnte die konservativ *Weltwoche*, ‚lässt sich nicht kleinkriegen. Es bewegt sich einfach seitwärts'."
Sonja Zekri in der *Süddeutschen Zeitung*, 22.1.2005

Machen Sie es wie die Zen-Schüler. Die begrüßen jeden hinderlichen Gedanken. Sagen Sie sich: „Aha, das also ist ein Zweifel. Hallo Zweifel!" Sie werden förmlich spüren, wie der Zweifel spontan kleiner wird oder ganz verschwindet.

Wird das Unbewusste bekämpft, kostet es Kraft. Wird es begrüßt, gibt es Kraft.

!

Selbst wenn Sie scheitern sollten: Was soll's? Ist ja nicht schlimm. Erfolg heißt: Einmal mehr aufstehen als hinfallen. Hinfallen ist keine Schande. Nicht wieder aufzustehen ist eine Schande. Keiner hat behauptet, dass es immer leicht sein muss im Leben. Wir wissen doch: Die besten Dinge im Leben erfordern unseren ganzen Einsatz. Dafür lohnt es sich dann auch: Stellen Sie sich vor, was Sie sich alles Schönes leisten können, wenn die Gehaltserhöhung durchgeht ...
Sie haben bei den letzten Abschnitten immer stärker den Eindruck bekommen, dass ein angemessenes Gehalt eine Frage der richtigen Einstellung ist? Richtig – wie das meiste im Leben. Mit einer hinderlichen Einstellung im Hinterkopf tut frau sich eben sehr schwer in allen Lebenssituationen.

Eine gute Einstellung ist schon die halbe Gehaltserhöhung.

Was sagen, wenn der Chef bockt?

Es liegt natürlich nicht nur an der Einstellung. Es gibt auch technische Probleme. Viele Frauen geben sich mit weniger zufrieden, als sie verdient hätten, weil: „Wie kann ich denn die Harmonie wahren, wenn ich dem Chef widerspreche? Geht das überhaupt?"
Solche Fragen sagen mehr über die Fragende als über den Chef. Wer so fragt, sieht offenbar einen Widerspruch zwischen Ehrlichkeit und Harmonie, zwischen Meinung und Beziehung – was absurd ist, denn es hieße im Umkehrschluss: Man kann eine Beziehung nur dann harmonisch halten, indem man lügt, schweigt oder den Kürzeren zieht, wenn es ungemütlich wird. Mal ehrlich, möchten Sie etwa in so einer Beziehung leben?

Frau kann ehrlich und trotzdem beziehungsfreundlich ihre Wünsche vortragen!

Wahrscheinlich haben viele Frauen als unbewusstes Muster Dialoge wie den folgenden im Hinterkopf:

„Chef, ich hätte gerne etwas mehr Geld!"
„Tut mir leid, dafür habe ich gerade kein Budget!"
„Was? Überall gibt die Firma das Geld mit vollen Händen aus, nur beim Personal wird gespart. Das finde ich total ungerecht!"

So kann man das natürlich auch machen. Aber halten Sie das für klug? Es ist völlig logisch, dass nach so einem emotionalen Ausrutscher die Beziehung zum Chef leidet.

Wenn es ungemütlich wird in einem (Gehalts-)Gespräch, werden Sie nicht emotional, eskalierend, anklagend, fordernd, aggressiv, defensiv, schnippisch, zickig, ironisch, zynisch, verletzend, pubertär ...

Die Transaktionsanalytiker sagen: Rutschen Sie im Ton nicht ins Alter einer Siebenjährigen in der Trotzphase ab. Natürlich ist die Versuchung groß! Doch als Frau kann man einer Versuchung auch mal widerstehen. Bleiben Sie in Ihrem Erwachsenen-Ich. Reden Sie ruhig, freundlich, klar. Bleiben Sie höflich und sachlich.

Was tun, wenn der Chef zickt?

Aber was tun Sie, wenn der Chef es nicht bleibt? Wenn er seinerseits ausfällig wird oder ins Rotzalter regrediert? Da gibt es zwei bewährte Möglichkeiten zur Auswahl:

1. Regredieren Sie mit. Werden Sie ebenfalls emotional und ausfällig – wenn Ihnen das liegt. Wenn nicht, bleibt immer noch das Gegenteil:
2. Je emotionaler der Chef wird, desto sachlicher und freundlicher bleiben Sie. Betonte Freundlichkeit ist der beste Schutz gegen einen rasenden Stier. Wer sich nicht aus der Ruhe bringen lässt, fühlt sich danach wesentlich besser – und behält auch meist sachlich die Oberhand.

> Nicht emotional zu werden (oder aufzugeben), wenn der Chef Ihren Gehaltswunsch abschmettert – das schafft keine Frau (und kein Mann) aus dem Stegreif. Das will vorher geübt sein. Üben Sie in Situationen, in denen Sie üblicherweise aufstecken oder ausflippen. Üben Sie nicht „die Beherrschung", wie gutmeinende Ratgeber oft ratschlagen. Das bringt nichts außer einem Magengeschwür. Üben Sie die sachliche, freundliche, aber ehrliche Artikulation Ihrer Wünsche.

Einige Musterformulierungen für konkrete Chef-Absagen finden Sie auf den folgenden Seiten.

Musterformulierungen: Wenn der Chef jammert

Vorbereitung ist die halbe Miete

„Es geht dem Unternehmen derzeit nicht gut." Was erwidern Sie, wenn der Chef das sagt? Wenn Sie Ihre Antwort nicht binnen zwei Sekunden parat haben, rate ich von einem Gehaltsgespräch zum jetzigen Zeitpunkt ab: Sie sind noch nicht so weit. Sie brauchen noch etwas Vorbereitung, um Ihre Formulierung zu finden. Als Anregung (nicht als Nachplapper-Vorlage) können Sie folgende alternative Musterformulierungen benutzen, um sich selbst eine Formulierung zurechtzulegen, die zu Ihnen passt:

- ❑ „Mit unmotivierten Mitarbeitern geht es ihm noch schlechter. Wenn ich meine aktuelle Mehrleistung mit meinem Gehalt vergleiche, habe ich ein Motivationsproblem."
- ❑ „Ich leiste erheblich mehr als noch vor Monaten (zählen Sie zwei, drei konkrete Mehrleistungen auf). Ich denke, eine angemessene Gegenleistung ist angebracht."
- ❑ „Ich habe in meinem Bereich in den letzten Monaten nachweislich dafür gesorgt, dass es dem Unternehmen besser geht. Ich habe ... (führen Sie diesen Nachweis anhand zweier konkreter Punkte). Ich denke, das sollte auch honoriert werden."

Viele Frauen haben das deutliche Gefühl, dass sie endlich eine Gehaltserhöhung verdient hätten. Leider gilt: Vor Gericht und in Gehaltsverhandlungen reichen deutliche Gefühle nicht. Was Sie brauchen, sind konkrete Nachweise Ihrer Mehrleistung, Verdienste, Zusatzqualifikationen ... Warum ich das jetzt schon zum x-ten Male wiederhole? Weil es ständig vergessen wird, wie ich in Coaching und Training leider regelmäßig erlebe.

„Frauen schauen zu sehr auf die Harmonieebene und vernachlässigen dabei die Sachebene." Anne Jacoby

Häufig verwendete, aber leider kontraproduktive Erwiderungen sind übrigens:

- „Dauernd sagen Sie, dass es der Firma schlecht geht! Ich muss aber trotzdem meine Rechnungen bezahlen!" Interessiert den Chef nicht. Den Chef interessieren Ihre Leistungen, nicht Ihre Rechnungen.
- „Wenn ich darauf warte, dass es dem Betrieb besser geht, werde ich alt und grau." Das ist auch dem Chef klar – also kommen Sie ihm nicht damit. Lassen Sie die Polemik und argumentieren Sie sachlich.

„Es läuft gerade ein Kostensenkungsprogramm!"

Eine derzeit sehr beliebte Ausrede von Chefs, wenn sie mehr Geld herausrücken sollen. Sie haben richtig gelesen: Ausrede. Denn das ist es. Ich kenne kein einziges Unternehmen, das während eines der vielen laufenden Kostenprojekte nicht trotzdem außertarifliche Gehaltserhöhungen gegeben hätte. Denn das eine hat mit dem anderen nichts zu tun. Und das weiß jeder Manager – was ihn jedoch nicht davon abhält, Ihnen das Kostenprojekt vorzuhalten, als ob es eine völlig logische und absolut stichhaltige Begründung dafür wäre, Ihnen nicht mehr Geld zu bezahlen. Ist es aber nicht, wie mir ein schmunzelnder Abteilungsleiter verriet: „Treiben Sie das Argument doch mal auf die Spitze: Wenn der Leiter eines Kostenprojekts dem Unternehmen zehn Millionen einspart – hat er dann nicht eine Gehaltserhöhung verdient? Wenn ein Mitarbeiter wesentlich mehr leistet und ich bezahle ihm nicht ein wenig mehr – dann riskiere ich, ausgerechnet einen Mehrleister zu verlieren. So dumm ist kein Vorgesetzter." Genau dieses Argument erwartet ein Vorgesetzter denn auch von einer Mitarbeiterin:

Auch wenn Ihr Vorgesetzter sonst nett ist: Er ist sich nicht zu schade für eine Ausrede

- ❑ „Es ist mir klar, dass wir die Kosten senken müssen, um die Rendite zu erhöhen. Aber ich habe bereits die Rendite erhöht, nämlich mit meiner Mehrleistung (aufzählen!). Wenn es uns wirklich ernst ist mit dem Kostenprojekt, dann habe ich mir jetzt eine Anerkennung verdient."
- ❑ „Wir senken doch wohl die Kosten, um besser dazustehen. Weil ich ... geleistet habe, stehen wir schon besser da – und ohne dass wir die Kosten senken mussten. Das kann man doch honorieren, finde ich."
- ❑ „Ich halte eine Kostensenkung für absolut notwendig. Aber wenn das heißt, dass künftig Mehrleistung bei uns bestraft wird, dann schaufelt sich das Unternehmen sein eigenes Grab. Finden Sie nicht auch?"

Häufig verwendete, aber leider untaugliche Erwiderungen sind:
„Bei der XY GmbH läuft auch ein Kostensenkungsprojekt und trotzdem hat ein Bekannter von mir eine Gehaltserhöhung bekommen." Böser Fehler. Kein Manager lässt sich gerne mit anderen Firmen oder gar mit der Konkurrenz vergleichen.
„Wir sparen uns noch zu Tode. Wie viele Opfer sollen wir denn noch bringen?" Absolut berechtigte Frage, weil viele Manager ihren Unternehmen mit ihrem Rotstiftkoller derzeit mehr schaden als nützen. Aber müssen Sie das dem Chef denn aufs Brot schmieren? Wer argumentieren kann, braucht nicht zu provozieren.

„Bei dieser schlechten Auftragslage?"

Eine der beliebtesten und rhetorisch geschicktesten Ausreden von Chefs. Denn natürlich ist die Auftragslage derzeit nicht rosig – verglichen mit der Auftragslage in den 70er Jahren. Aber daran erkennen Sie schon die Fadenscheinigkeit des Arguments:

Wir sind inzwischen in einem anderen Jahrtausend. Wer vergleicht schon ernsthaft unsere aktuelle Rezession mit dem Boom der 70er? Außerdem hat das Argument ein Loch von der Größe des Grand Canyon. Sprechen Sie es an:

- ❑ „Sind Sie damit einverstanden, dass meine Gehaltserhöhung nicht aus der Auftragslage, sondern aus der Ertragslage finanziert wird?" Recht frech – wer sich's traut. Denn im Gegensatz zur Auftragslage ist die Ertragslage (auch dank der Massenentlassungen der letzten Jahre) der meisten Unternehmen derzeit unverschämt gut. Etwas weniger spitz formuliert:
- ❑ „Danke, dass Sie die finanzielle Lage der Firma ansprechen. Meiner Kenntnis nach ist diese ausgesprochen gut. Zusammen mit meinen nachweislichen Mehrleistungen also Grund genug, meinem Gehaltswunsch zu entsprechen."
- ❑ „Ich würde mein Gehalt gerne von meiner Leistung abhängig machen. Ich denke, Ihnen wird es ähnlich gehen: Wer mehr leistet, möchte auch mehr Gehalt."

Und nicht vergessen: Immer charmant lächeln dabei!

Ihnen gefällt keine dieser Mustererwiderungen? Prima. Dann sind Sie bereits auf der eigenständigen Suche nach einer Einwandsbehandlung, die noch stärker Ihrem persönlichen Stil entspricht. Im Prinzip ist es egal, was Sie dem Chef erwidern (wenn es nicht unlogisch, unhöflich oder unökonomisch ist): Hauptsache, Sie bleiben im Gespräch! Solange Sie noch im Gespräch sind, lebt Ihre Chance auf Gehaltserhöhung.

Ein beliebtes Eigentor an dieser Stelle ist die folgende Erwiderung, die mir immer mal wieder kolportiert wird: „Was haben denn die Aufträge damit zu tun? Ich möchte einfach mehr Geld!" Nichts bringt Vorgesetzte schneller zur Raserei als das Eingeständnis eines Mitarbeiters, dass er keine Ahnung hat, woher sein Gehalt kommt (nämlich vom Kunden).

„Was glauben Sie denn, was passiert, wenn jeder kommt und 100 Euro mehr will?"

Das ist zur Abwechslung mal ein Eigentor vom Chef. Denn darauf antwortete eine 21-jährige Angestellte einmal schlicht und mit bayrischer Akzenteinfärbung: „Ja dann wär ich fei schön blöd, wenn ausgerechnet ich nicht auch 100 Euro mehr wollte!" Ein Schenkelklopfer, nicht wahr? Das kommt davon, wenn Vorgesetzte ihre führungsrhetorische Weiterbildung schleifen lassen. Weitere Musterformulierungen sind:

- ❑ „Wenn alle 100 Euro mehr wollen, nennt man das tarifliche Gehaltserhöhung."
- ❑ „Sie reden im Konjunktiv, ich im Indikativ: Ich *würde* nicht mehr leisten wollen, sondern ich *habe* schon mehr geleistet. Also erwarte ich auch eine Anerkennung."
- ❑ „Sagen Sie selbst: Wie realistisch ist das? Wann haben Sie zum letzten Mal erlebt, dass unsere Abteilung geschlossen 100 Euro mehr wollte?"
- ❑ „Ich hätte damit kein Problem. Denn wenn alle wie ich für 500 Euro mehr geleistet hätten, dann hätten doch auch alle zumindest 100 Euro mehr verdient, oder?"
- ❑ „Ich glaube nicht, dass jeder eine Gehaltserhöhung verdient hat. Ich glaube lediglich, dass ich sie verdient habe. Ich kann das belegen." (Tun Sie es!)

Eigentlich ist es egal, was Sie erwidern. Denn das Argument mit der Masse ist ein Totschlagargument: Es soll Sie verstummen lassen, damit der Chef endlich wieder seine Ruhe hat. Wenn Sie genau das nicht tun und einfach ungerührt weiterverhandeln, muss das auch der Chef.

„Vor der Tür stehen 20 andere, die Ihren Job möchten!"

Stress lass nach, der Chef droht mit Rauswurf!

„Wolle mer se roilosse?", möchte man da dem Chef in guter Köll'scher Denkart zurufen. Spaß beiseite: Wenn der Chef eine derartige Verbalkeule zieht und Ihnen unverhohlen mit Kündigung droht, dann schlottern Ihnen vermutlich erst mal die Knie wie Kastagnetten. Sie erleben eine Stressattacke. Der Stress ebbt sofort ab, wenn Sie vorbereitet ins Gespräch gehen und Ihre Erwiderung parat haben:

- ❑ „Ich möchte eine bescheidene Gehaltsaufbesserung und Sie drohen mir gleich mit Kündigung? Ist das nicht ein wenig hart?" Vorsicht: „Ist das nicht ein wenig *überzogen*?" ist eine *Wertung*, die den Chef provoziert.

> Keine Panik: Chefs drohen sehr viel seltener mit Kündigung, als das berufstätige Frauen fürchten. Selbst wenn Ihr Chef es tun würde: Nach der Lektüre dieses Abschnitts bringt Sie das auch nicht mehr aus der Ruhe.

- ❑ „Ich würde gerne sachlich über das Thema reden. Wären Sie bereit dazu?"
- ❑ „Können wir die gegenseitigen Drohungen beiseite lassen und sachlich über das Thema reden?"
- ❑ „Ich weiß nicht, ob Sie sich dabei verbessern würden. Die Einarbeitung eines neuen Mitarbeiters kostet zehnmal mehr als meine bescheidene Gehaltserhöhung."
- ❑ „Wenn ich nur die Hälfte dessen, was die Einarbeitung eines neuen Mitarbeiters kostet, als Gehaltserhöhung bekommen würde, wäre ich überglücklich. Aber so viel will ich gar nicht. Ich möchte nur ... Euro mehr."

Sehen Sie? Wenn frau die richtige Erwiderung parat hat, sind selbst üble Attacken kein Problem.

Frauen erwerben ihre Verhandlungsschwäche schon im Kindesalter: „Mädchen mögen kooperative Spiele“, erklärt Deborah Tannen, Sprachwissenschaftlerin und Bestseller-Autorin. Jungs dagegen spielen am liebsten kompetitive Spiele. Mädchen gehe es beim Spielen darum, gleichberechtigt mitspielen zu dürfen. Jungs geht es darum, beim Spielen eine Hackordnung aufzustellen und ihren Platz darin zu verteidigen.
Was ist übrigens das Häufigste und Ungeschickteste, was Frauen tun, wenn der Chef mit Rauswurf droht? Raten Sie mal. Sie schlucken schwer, machen große Augen – und heulen sich bei der besten Freundin aus. Das ist keine Lösung. Das schadet richtig. Denn beim Chef verhärtet sich der Eindruck: Mit dieser Mitarbeiterin kann mann’s machen. Sie müssen es dem Chef nicht mit derselben Rohheit zurückzahlen. Doch frau sollte jedem Drohenden schnell klar machen, dass man Mitmenschen nicht droht. Das gehört sich nicht. Das darf frau sich nicht gefallen lassen.

Was hat Ihr Chef sonst noch drauf?

Sie kennen Ihren Chef. Welche Einwände, außer den oben behandelten, bemüht er sonst noch gerne? Notieren Sie jene, die Ihnen einfallen:

Und nun notieren Sie noch jene, von denen Sie befürchten, dass er sie eventuell erheben könnte:

„Oje, was ist aber, wenn der Chef ... sagt?" Das fragen sich viele Frauen – und bangen nervös dem Gehaltsgespräch entgegen. Nicht die Frage ist das Problem, sondern das Bangen davor. Denn mit dem schweigenden Bangen sagen Frauen: „Ich befürchte einen konkreten Chef-Einwand – aber ich bereite mich nicht darauf vor!"

> Wenn Sie einen bestimmten Einwand, eine konkrete Ausrede vom Chef auch nur entfernt erwarten, dann bereiten Sie sich darauf vor, indem Sie sich eine Erwiderung ausdenken, die zu Ihnen passt, und diese so lange vor dem Spiegel üben, bis sie „sitzt".

Wie viele Frösche muss frau küssen?

In Coachings und Trainings fragen mich Frauen manchmal: „Aber wie viele Einwände des Chefs muss ich denn beantworten können?" Schlichte Antwort: alle. Denn die Logik hinter Gehaltsgesprächen ist so kühl wie simpel:

> Wenn Sie auch nur eine Antwort schuldig bleiben, kann das für den Chef der ideale Vorwand sein, Ihre Gehaltsbitte abzulehnen. Er hätte nicht ganz Unrecht damit: Sie konnten ihn immerhin nicht uberzeugen.

Dagegen fällt es jedem Chef sehr schwer, einen Gehaltswunsch abzulehnen, wenn Sie auf jeden Einwand eine überzeugende Antwort wissen. Ein Gehaltsgespräch ist wie ein Volkstanz: Eine Figur reiht sich an die andere – Sie können nicht einfach mittendrin aufhören. Solange der Chef noch einen Einwand hat, also weiter „tanzen" möchte, sollten auch Sie auf der Tanzfläche bleiben.

„Jetzt passt es gerade nicht!"

Wie leicht lassen Sie sich abwimmeln?

Das mag schon sein. Vor allem wenn man die übervollen Terminkalender der Chefs anschaut. Doch manchen Chefs passt es ständig nicht. Ein Vorgesetzter verriet mir mal: „Wenn es um eine Gehaltserhöhung geht, passt es mir nie." Er hofft darauf, dass der Mitarbeiter sich abwimmeln lässt und irgendwann seinen Gehaltswunsch vergisst oder einfach aufgibt. Auch das ist ein Grund, warum Frauen weniger Gehaltsgespräche führen: Viele geben tatsächlich auf, nachdem sie zum x-ten Male vertröstet wurden. Weil Frauen von Haus aus eher indirekt kommunizieren, glauben sie hinter der Vertrösterei des Chefs die Botschaft zu erahnen: „Keine Chance auf Gehaltserhöhung!" Diese Interpretation ist falsch.

- ❑ Geben Sie dem Chef eine zweite Chance. Wenn er Sie auch beim zweiten Mal abwimmelt, fragen Sie: „Wenn es jetzt nicht passt, wann passt es besser?" Vereinbaren Sie einen Gesprächstermin.
- ❑ Viele Chefs wimmeln begründet ab: „Ich hab grad so viel um die Ohren!" „Nicht, solange Projekt X in der heißen Phase ist!" „Dafür habe ich jetzt keinen Nerv!" Ihr Vorteil dabei: Sie können ihn auf einen Termin verpflichten, sobald sein spezifischer Hinderungsgrund wegfällt; zum Beispiel: „Wann haben Sie voraussichtlich weniger um die Ohren?" „Projekt X hat Mitte nächster Woche den Roll-out – können wir also Donnerstag miteinander reden?"

Dieses Nachhaken klingt ganz schön selbstbewusst, nicht wahr? Richtig erkannt: In Gehaltsgesprächen herrscht eine andere Rollenverteilung als sonst. Nicht mehr der Chef weist an und Sie führen aus. Sondern: Sie nehmen das Heft streckenweise in die Hand, ergreifen die Initiative, führen durch das Gespräch.

Was Sie auf keinen Fall sagen sollten, wenn der Chef Sie offensichtlich abwimmeln möchte: „Nie haben Sie Zeit für mich!“ Das hört sich an wie eine trotzige Sechsjährige. Das ist zwar menschlich und verständlich, bringt aber in der Welt der Erwachsenen nicht wirklich was. Im Gegenteil. Sie schaden sich damit. Der Chef denkt: „Och wie niedlich – die Maier nölt wie meine kleine Tochter!“

Verhandlungsführung ist Stressmanagement

Schon beim bloßen Lesen dieses Kapitels reagieren Frauen (und auch Männer) in der Regel mit leichtem Stress: Verhandeln ist stressig, auch wenn frau „nur“ davon liest. Deshalb drücken sich viele Frauen vor Gehaltsgesprächen und anderen Verhandlungen. Sie möchten sich den Stress nicht antun. Oder sie überwinden sich doch irgendwie, gehen in die Gehaltsverhandlung – und verlieren die Nerven, wenn es richtig stressig wird: Sie werden zickig oder geben sich mit weniger zufrieden, als ihnen zusteht.

Je besser Sie mit Stress umgehen können, desto erfolgreicher werden Sie verhandeln.

Eines der besten Rezepte gegen Stress stammt aus der amerikanischen ACT – der Acceptance and Commitment Theory:

Je bewusster Sie sich Ihre individuellen Stresssymptome machen, desto stärker reduzieren Sie den Stress.

Denn Stress an sich ist nicht schlimm. Schlimm sind lediglich die Handlungen, zu denen Stress uns provoziert: Beim Gedanken an ein Gehaltsgespräch bekommen wir feuchte Hände – und schon beschließen wir unbewusst und instinktiv, dass wir uns das lieber nicht antun möchten.

„Gutes Verhandeln ist in erster Linie Stressmanagement."
Ute Göggelmann

Dabei hat das eine (feuchte Hände) eigentlich nichts mit dem anderen (Gesprächsverzicht) zu tun. Sonst würde keine Frau je Kinder bekommen: Denn dabei hat frau mehr als nur schweißnasse Hände. Beim Kinderkriegen wäre diese Stresskoppelung (feuchte Hände = Verzicht oder Rumzicken) völlig unsinnig. Machen wir uns diese Unsinnigkeit auch im Beruf bewusst:

Wenn Sie beim Gedanken an oder im Gehaltsgespräch selbst Stress erleben, unterbrechen Sie das übliche Reiz-Reaktions-Stressmuster:

- ❑ indem Sie sich Ihrer Stresssymptome ganz bewusst werden (amerikanisch: Acceptance), zum Beispiel: „Aha, jetzt werde ich wütend auf ihn."
- ❑ indem Sie beschließen, auch mit dem Stresssymptom Ihr Ziel weiter zu verfolgen (Commitment): „Ich muss nicht rumzicken, bloß weil ich wütend bin. Ich kann auch wütend ganz gut verhandeln."

Sie werden bemerken, dass jedes Stresssymptom verschwindet oder wesentlich kleiner wird, sobald es auf diese Weise behandelt wird.

Menschen werden nicht stressresistent geboren. Menschen, an denen Stress abperlt wie Wasser von einer glattpolierten Motorhaube, können lediglich besonders gut mit Stress umgehen. Das ist eine Fähigkeit, die jede(r) erlernen kann.

Dürfen Sie mit Kündigung drohen?

Eine häufig gestellte Frage. Die Antwort ist zunächst ein klares Nein:

> Wenn der Chef nicht mehr Gehalt rausrücken will, ist die Drohung mit Ihrer Kündigung nur die Ultima Ratio, das allerletzte Mittel.

Davor sollten Sie wirklich alles probiert haben, insbesondere jeden Einwand des Chefs überzeugend widerlegt haben und vor allem auch über geldwerte Vorteile als Surrogat für mehr Gehalt verhandelt haben (s. Kapitel 6). Ist der Chef vernünftigen Argumenten nicht zugänglich, können Sie wenigstens guten Gewissens zur Ultima Ratio greifen. Das sollten Sie jedoch nur dann tun, wenn Sie

- ❑ zuvor eine Jobalternative aufgetan haben, bei der Sie sich gehaltsmäßig nicht verschlechtern;
- ❑ tatsächlich wechselwillig sind.

Denn wenn Sie mit Weggang drohen und dann die Drohung nicht wahrmachen, wenn der Chef nicht „spurt", wird es in diesem Unternehmen sehr unangenehm für Sie werden.

„Dafür werden Sie doch bezahlt!"

z.B

> Selina arbeitet in der Fertigung eines Werkzeug-Herstellers. Hören wir kurz in ihr letztes Gehaltsgespräch hinein:
> Selina: „Mit meinem Vorschlag, die Querstanzteile bereits vorbehandelt zu beziehen, spart die Abteilung nach meiner Rechnung jährlich etwa 30 000 Euro. Ich finde es nur gerecht, wenn auch ich etwas von dieser Einsparung habe. Wie wäre es mit 200 Euro mehr im Monat?"
> Fertigungsleiter: „Wie kommen Sie denn darauf? Sie werden schließlich dafür bezahlt, dass Sie gute Ideen haben!"

Das ist ein sehr beliebtes Chef-Argument. Viele Frauen schlucken es. Nicht Selina. Die nimmt es mit Humor: „Die würden mir nicht mal freiwillig was geben, wenn ich für eine meiner Ideen den Nobelpreis bekommen würde!" Also holt sich Selina, was ihr zusteht. Sie hat folgende Musterformulierungen ausgearbeitet:

- ❏ „Eines verstehe ich dabei nicht: Warum bekommen dann Kollegen, die seit Jahren keine einzige gute Ideen hatten, dasselbe Gehalt?"
- ❏ „Diese Idee ist nicht Teil meiner eigentlichen Arbeit. Sie geht weit über meine eigentliche Aufgabe hinaus."
- ❏ „Wenn ich mehr leiste, steht mir auch eine Gegenleistung zu. Es ist üblich, Mitarbeiter an Einsparvorschlägen zu beteiligen. Über welchen Betrag können wir reden?"
- ❏ „Nach meiner Einschätzung war mein Vorschlag keine ordentliche, sondern eine außerordentliche Leistung. Wenn außerordentliche Leistungen auch weiterhin erwünscht sind, würde ich mich über eine gehaltliche Anerkennung freuen."

Auf keinen Fall sollten Sie drohen: „Ich werde es mir künftig zweimal überlegen, nochmals einen Vorschlag zu machen, der dem Unternehmen so viel Geld spart!" Denn Drohungen bringen Sie nicht weiter. Sie können keinem Vorgesetzten drohen. Das ist, wie gegen den Wind zu spucken. Außerdem ist jedem Vorgesetzten völlig klar, dass er sich künftig Ihre Vorschläge abschminken kann, wenn Sie keinerlei Anerkennung (oder nur den sprichwörtlichen feuchten Händedruck) dafür kriegen. Das brauchen Sie nicht extra zu betonen. In manchen Unternehmen sind gute Ideen (von Mitarbeitern!) einfach nicht gern gesehen.

Der Chef appelliert an Ihr Mitleid

Chefs sind nicht umsonst Chefs. Die meisten von ihnen haben ein untrügliches Gespür für die Schwächen des Verhandlungspartners. Bei Frauen ist es die Gutherzigkeit, ihre Empathie, ihr

Gemeinschaftssinn: „Ach, Frau Müller. Das können Sie mir jetzt doch nicht antun. Bei dieser miserablen Auftragslage. Außerdem hat die Geschäftsleitung unser Budget um 20 Prozent gekürzt. Eigentlich müsste ich sogar Leute entlassen!"

Frauen sind ideale Arbeitnehmer: Sie lassen sich herrlich ausnutzen!

Viele Frauen nehmen das für bare Münze, fallen drauf rein, lassen sich gutmütigerweise breitquatschen. Wie dämlich das sein kann, erfahre ich immer wieder, wenn eine erboste Coachee mit hochrotem Kopf im Coaching erzählt: „Ich blöde Kuh nehm ihm seine Jammerei ab. Und zwei Tage später läuft der Kollege Schmitt, der unter uns gesagt nichts drauf hat, zum Chef und greift eine fette Gehaltserhöhung ab, wie man hört!" Es geht nun nicht darum, dass Sie den Chef wie einen Lügner behandeln. Das bringt nichts. Sorgen Sie lieber von vornherein für einen Ausgleich der Interessen, anstatt das jammernderweise vorgetragene Interesse des Chefs für bare Münze zu nehmen:

- ❑ Wenn der Chef jammert, widersprechen Sie ihm nicht, unterstellen Sie ihm nichts („Sie gönnen mir wohl nicht die Gehaltserhöhung!"). Im Gegenteil:
- ❑ Holen Sie den Chef dort ab, wo er steht: Äußern Sie Verständnis für seine Lage, seine Position, seine Meinung, seine Ablehnung, sein Jammern: „Ja, ich weiß, die künftige Marktentwicklung ist relativ ungewiss."
- ❑ Nachdem Sie Verständnis für den Chef geäußert haben, fällt es Ihnen leichter, auch Verständnis für sich und Ihre Position einzufordern: „Bitte haben Sie Verständnis dafür, dass für mich die Höhe meines Gehalts auch Zeichen der Wertschätzung und Anerkennung meiner Leistung ist." Und dann sagen Sie dem Chef, warum Sie aus Ihrer Sicht eine Gehaltserhöhung verdient haben.

Der Bedenkenträger

Vor allem ängstliche Chefs lehnen eine Gehaltserhöhung gerne mit dem Verweis auf die unsichere Zukunft ab: „Alles hängt von diesem Großauftrag ab“ „Wer weiß, ob es uns nächstes Quartal noch gibt!“ „Die Konjunkturentwicklung sieht nicht gut aus.“

- ❑ Wenn der Chef Bedenken wegen morgen trägt, zeigen Sie ihm, dass Sie dem Unternehmen schon heute Geld bringen: Wer heute mehr leistet, verdient auch heute schon mehr Gehalt.
- ❑ Musterformulierung: „Ich weiß, dass die Aussichten nicht rosig sind. Umso höher bewerte ich, dass ich mit ... (Nachweis der Leistung) schon einen wesentlichen Beitrag für unsere Zukunftsfähigkeit geleistet habe.“

Der Sprücheklopfer

„Sie müssen erst noch ein paar Jahre auf die Weide, bis Sie das verdient haben.“ Kennen Sie solche Sprüche? Manche Chefs sind berühmt dafür. Das Fiese an diesen Macho-Sprüchen: Sie sind unsachlich, treffen persönlich, verunsichern zunächst einmal – genau das möchte der Chef erreichen. Chefs, die solche Sprüche ablassen, wollen einfach nur ihre Ruhe. Dabei sind solche Sprüche nur oberflächlich beeindruckend: Je unsachlicher Sprüche sind, desto leichter lassen sie sich aushebeln.

- ❑ Wenn es Ihnen liegt, werden Sie genauso unsachlich: „Wie? Sie meinen, ich reiße mir hier ein Bein für den Betrieb aus und sehe dafür keinen müden Euro?“ Wenn der Chef merkt, dass Sie um eine Antwort nicht verlegen sind, lässt er sich eher auf ein Gehaltsgespräch ein.

- ❏ Holen Sie das Gespräch auf die sachliche Ebene zurück: „Ich bin der Ansicht, dass ich mir das jetzt schon verdient habe, vor allem mit ... (Nachweis der Extraleistung)."
- ❏ Sie können auch ganz höflich fragen: „Wie meinen Sie das? Sind ... (einige Leistungen aufzählen) also nichts wert?"

Natürlich erfordert jede der drei Erwiderungen Mut. Der Chef signalisiert mit seinem flotten Spruch, dass er nicht übers Gehalt reden will – Sie dagegen schon. Also werden Sie wohl oder übel die Konfrontation suchen müssen.

„Frauen und Konfrontation – zwei Worte, die irgendwie nicht zusammenpassen." Billy Wilder, Regisseur

Sie werden sich dabei umso leichter tun, je beziehungsfreundlicher Sie diese Konfrontation gestalten: Sie müssen den Chef nicht in die Pfanne hauen, ihm noch nicht einmal widersprechen. Es reicht völlig, wenn Sie das Gespräch suchen, fragen, Ihre Meinung ganz sachlich vorbringen. Solange Sie im Gespräch bleiben, lebt die Hoffnung auf Gehaltserhöhung.

Haben Sie einen Mann? Gebrauchen Sie ihn!

Viele Frauen scheitern in Gehaltsgesprächen, weil sie schlecht vorbereitet sind. Sie haben sich zwar ihre Argumente zurechtgelegt, doch irgendwann geraten sie ins Schwimmen oder Stottern oder lassen sich breitschlagen,

- ❏ weil sie sich ihre Argumente zwar *ausgedacht*, aber sie nicht *ausformuliert* haben.
- ❏ weil sie ihre Erwiderungen auf allfällige Einwände des Chefs nicht vorformuliert und eingeübt haben.

Besonders groß ist diese Unsicherheit regelmäßig direkt vor der Nennung des Euro-Betrags, den die Gehaltsfordernde (mehr) möchte. Da versagt dann oft die Stimme, überschlägt sich oder gerät ins Stocken.
In Liebesfilmen kommt häufig das Klischee vor, dass eine/r vor dem Badezimmerspiegel oder mit der Stehlampe seine/ihre Liebeserklärung probt, bevor er sich an den/die Angebetete(n) herantraut. Da ist was Wahres dran:

!

Es ist wie mit Fremdsprachensprechen, Tennisspielen oder Klavierspielen: Ohne Trockenübungen haut ein Gehaltsgespräch nicht hin.

Gerade deshalb sprechen Klavierschüler despektierlich vom „Etüdenklopfen“: eine lästige Übung zwar, ohne die jedoch kein Klavierspieler auskommt. Legen Sie sich also Ihre persönlichen Musterformulierungen zurecht. Notieren Sie sie ruhig auf kleinen Merkzetteln, wenn Ihnen das hilft. Notieren Sie sich vor allem Ihre Einwandsbehandlungen. Sprechen Sie Ihre Formulierungen laut aus, bis sie „rund“ sind, bis Versprecher verschwinden. Dann spielen Sie ein Rollenspiel:

Machen Sie Gehaltssparring! Haben Sie einen Mann, Lebensabschnittspartner oder guten Freund? Dann benutzen Sie ihn zur Abwechslung mal für etwas Berufsbezogenes: Er soll den Chef spielen.

Er *ist* zwar nicht der Chef, doch für dieses Rollenspiel gilt: Mann ist Mann. Jeder Mann entwickelt instinktiv jede Menge Einwände, wenn es darum geht, einer Frau eine Gehaltserhöhung auszureden. Im Normalfall genügt die Buchlektüre und etwas Übung für dieses Trockentraining. In anderen Fällen gilt: Für besonders wichtige Gehaltsgespräche oder bei besonders großen Hemmungen besuchen in den letzten Jahren immer mehr Frauen einen (natürlich weiblichen) Business-Coach.

Es ist wie beim Tennisspielen oder Golfen auch: Mit Unterstützung eines professionellen Coach lernt frau oft schneller und leichter.

Fordern lernen

Schon als kleines Mädchen haben Frauen gelernt, dass von ihnen erwartet wird, sich für andere, die Gemeinschaft, die allgemeine Harmonie, das Arbeitsklima, Brüder, Männer, Kinder ... aufzuopfern. Das steckt uns allen mehr oder minder in den Knochen. Viele Frauen haben damit ein Leben lang Probleme: Sie haben schlicht Hemmungen, auch mal etwas für sich selbst zu fordern. Wenn dem so ist, dann:

> Fangen Sie mit dem Fordern nicht beim Chef im Gehaltsgespräch an.

Fangen Sie klein an. Fordern Sie in Familie, Beziehung, Verwandtschaft, unter Freunden und Kollegen zunächst kleine Dinge ein, die Sie bislang nicht eingefordert haben. Fangen Sie wirklich ganz klein damit an – es kann gar nicht klein genug sein. Es darf sogar so klein sein, dass keiner etwas davon merkt; außer Ihnen natürlich.

- ❑ Kosten Sie das Gefühl des Forderns: Es fühlt sich gut an. Warum? Weil Sie sich selbst damit aufwerten, wertschätzen, sich Gutes tun.
- ❑ Erleben Sie das erhebende Gefühl, wenn Sie bekommen, worum Sie gebeten haben.
- ❑ Variieren Sie Ihre Formulierungen: mal höflich bittend, mal bestimmt fordernd.
- ❑ Lernen Sie, mit den Einwänden des Gegenübers umzugehen.
- ❑ Lernen Sie die wichtigste Lektion beim Verhandeln: Sie haben das unveräußerliche Menschenrecht, Ihre Meinung offen zu sagen – und der Chef hat das auch. Treten Sie für beide Rechte gleichermaßen ein.

Keine Weichspüler!

Ich habe wiederholt auf die Tendenz von Frauen hingewiesen, gerne indirekt zu kommunizieren. Eigentlich versteht es sich von selbst, dass die indirekte Kommunikation für Gehaltswünsche das reine Gift ist. Doch weil mir amüsierte Vorgesetzte immer wieder von entsprechenden Vorfällen berichten, hier nochmals zur Erinnerung:

- ❑ Formulieren Sie nie indirekt: „Ich habe das Gefühl, dass ich eine Gehaltserhöhung verdient habe."
- ❑ Sprechen Sie immer Ihre konkrete Wunschzahl aus: „Ich würde gerne ... Euro im Monat mehr verdienen."

Informieren Sie sich!

Wissen Sie eigentlich, was man in Ihrer Position so verdient? Viele Frauen wissen es nicht. Deshalb akzeptieren sie oft Gehaltsangebote dankend, die deutlich unter dem liegen, was die Männer auf derselben Ebene verdienen.

> Natürlich plaudert keiner sein Gehalt gerne aus. Doch es gibt Mittel und Wege, Branchenstatistiken und Internetseiten, die näherungsweise Auskunft geben. Nutzen Sie sie!
> Fragen Sie Bekannte: „Was verdient man in eurer Firma als ... denn so?" Beschäftigte, die eine Firma verlassen haben, geben etwas bereitwilliger Auskunft.

Verhandeln macht Spaß

Verhandeln ist für Frauen ungewohnt. Am Anfang gleicht es dem Versuch, eine neue Fremdsprache zu erlernen – und genauso viel Spaß macht es schon bald. Je mehr Vokabeln Sie kennen, je mehr Sie üben, desto mehr Spaß und Erfolg bringt es auch. Schon bald werden Sie das alte Sprichwort verstehen: „Alles ist Verhandlungssache!“ Denn Verhandlungskompetenz nützt Ihnen nicht nur im Gehaltsgespräch, sondern auch in der Familie, der Beziehung, sogar bei der Kindererziehung. Verhandeln ist die etwas intelligentere Art der Kommunikation. Viel Spaß dabei!

6 Wie Sie trotzdem mehr bekommen, auch wenn es nicht mehr Gehalt gibt

Zusätzliche Leistungen, angefangen bei betrieblichen Renten bis hin zur Bereitstellung von Dienstfahrzeugen, sind in den Gehaltsvereinbarungen von Männern häufiger zu finden als in denen von Frauen.
Aus einem EU-Bericht

Ersatzleistungen sind oft lukrativer als mehr Gehalt

Angenommen, Sie haben alles probiert und der Chef sagt trotzdem Nein. Sie haben die besten Voraussetzungen für mehr Gehalt geschaffen (s. Kapitel 2). Sie haben selbstbewusst argumentiert (s. Kapitel 1). Sie haben im Gehaltsgespräch die bekannten Fettnäpfchen (s. Kapitel 3) vermieden. Sie haben auf alle Knöpfe vom Chef gedrückt (s. Kapitel 4). Sie haben jeden seiner Einwände bravourös behandelt (s. Kapitel 5). Und trotzdem sagt er oder sie Nein? Das kommt tatsächlich auch mal vor. Viel seltener zwar, als wenn Sie sich nicht professionell vorbereitet haben. Doch auch für diesen Fall sollen Sie optimal vorbereitet sein. Das Zauberwort heißt: Fringe Benefits.

Wenn Sie keine Aussicht mehr auf Erfolg beim Gehaltswunsch sehen, sind Ersatzleistungen (so genannte Fringe Benefits) ein Sesam-öffne-dich.

Warum? Weil sich Chefs erfahrungsgemäß und auch nach eigenem Bekunden sehr viel eher bei den Zusatz- oder Ersatzleistungen erweichen lassen als beim Gehalt. Denn oft sind dem Chef tatsächlich die Hände gebunden, weil sein Gehaltsbudget bis auf den letzten Cent ausgeschöpft ist oder weil es strikte Richtlinien gibt, wie viel seine Mitarbeiter maximal verdienen dürfen. Doch die private Nutzung eines Firmenwagens oder eine aufwändige Qualifizierungsmaßnahme kann er über ein anderes Konto abrechnen – also tut er es umso lieber, je härter Sie vorher mit ihm über Ihren abgelehnten Gehaltswunsch verhandelt haben.

„Gleicher Job, weniger Gehalt: Das ist für die meisten Frauen in deutschen Betrieben Realität." Nicola Holzapfel in der *Süddeutschen Zeitung*, 16.4.05

Wenn Sie mal nachrechnen, was von einer Gehaltserhöhung von 100 Euro nach Abzug aller Abgaben übrig bleibt, fahren Sie mit Fringe Benefits oft besser.

Männer fahren übrigens sehr viel öfter Firmenwagen und genießen auch häufiger als Frauen andere Zusatzleistungen. Da diese Fringe Benefits zu fast 100 Prozent verhandlungsabhängig sind, bestätigt das wieder einmal die sattsam bekannte Beobachtung: Frauen leisten zwar oft mehr als Männer, doch Männer verhandeln offensichtlich besser! Warum?

Warum Männer öfter Firmenwagen fahren

Wenn der Chef im Gehaltsgespräch beinhart bleibt und partout nichts herausrücken will, geben viele Frauen einfach auf: „Ist halt nichts zu machen!" Männer geben in dieser Situation mehrheitlich nicht auf. Sie weichen aus und leiern dem Boss ersatzhalber Fringe Benefits aus dem Kreuz.

> Erlauben Sie es sich nicht, aufzugeben, wenn der Chef Nein zu Ihrem Gehaltswunsch sagt. Minimalziel jeder Gehaltsverhandlung ist, zumindest eine Ersatzleistung zu erreichen.
> Aber Vorsicht! Viele Frauen haben ein so schwaches Selbstwertgefühl, dass sie von vornherein mit dem Wunsch nach einer Ersatzleistung in ein Gehaltsgespräch gehen („Der Chef genehmigt ja eh' keine Gehaltserhöhung!"). Das ist das Pferd am Schwanz aufgezäumt: Setzen Sie Ersatzleistungen immer nur als Ultima Ratio, als letzte, nicht als erste, Möglichkeit ein!

Denn Fringe Benefits werden oft nur deshalb gewährt, wenn und weil der Chef ein schlechtes Gewissen hat, dass er zuvor zehn Minuten lang einen (eigentlich berechtigten) Gehaltswunsch abgeblockt hat.

Frauen kümmern sich weniger ums Geld

Was wissen Männer über die Ersatzleistungen in ihrem Unternehmen? Eine beeindruckende Menge. Was wissen Frauen darüber? Oft nicht mal die Hälfte.
Dem Gehaltsgefälle zwischen Männern und Frauen entspricht ein Informationsgefälle.
„Frauen haben halt von Geld weniger Ahnung als von Männern", versprach sich jüngst ein Personalleiter auf Freud'sche Weise. Was er eigentlich meinte: Frauen haben von Geld weniger Ahnung als Männer. Warum? Weil Information immer auch ein

Zeichen von Interesse ist: Man informiert sich nicht über Dinge, die einen nicht interessieren. Das muss nichts heißen. Wenn Sie mit Ihrem Lohn oder Gehalt eigentlich ganz zufrieden sind, wenn es Sie nicht wirklich stört, dass die (magengeschwürbelasteten) Kollegen vielleicht mehr verdienen als Sie, wenn Sie wissen, dass Geld allein Sie nicht glücklich macht, dann brauchen Sie sich auch nicht für Fringe Benefits zu interessieren.

„Wenn Frauen auf weniger interessanten Positionen sitzen, sinkt ihre Motivation. Dafür steigt ihre Bereitschaft, für Kinder eine Auszeit zu nehmen – insbesondere wenn der Partner den besseren Job hat.“ Aus: *Süddeutsche Zeitung*, 16.4.05

Wenn Sie mehr Geld brauchen, wenn Sie sich Wünsche erfüllen wollen, wenn Sie die Ungleichheit satt haben, wenn Sie vorankommen möchten, wenn Sie im Gehalt auch eine angemessene Anerkennung für Ihre Leistungen sehen, dann führt kein Weg darum herum, sich für das zu interessieren, was Sie sich wünschen.
Selbst das Sterntaler-Mädchen hielt sein Hemdchen auf, um die Sterntaler aufzufangen – ganz ohne Blick nach oben und Interesse für das Schaffen von Auffangmöglichkeiten für das Pekuniäre, das gibt es noch nicht mal im Märchen Geld.

Wenn Sie mehr Geld wollen, sollten Sie Ihre Möglichkeiten kennen.

Welche Möglichkeiten für Ersatzleistungen haben Sie?

Die reichhaltige Palette der Fringe Benefits: Der Bonus

Der Bonus ist eine Einmalzahlung meist am Ende eines Jahres oder Projekts. Firmen koppeln von sich aus gerne Boni an übergeordnete Ziele: „Wenn wir 14 Prozent Umsatzrendite schaffen, kriegt jeder Mitarbeiter einen Bonus von ... Euro!“ Vorteil: Sie können sich bequem zurücklehnen. Denn einen Einfluss auf die Rendite haben Sie als Einzelne kaum – was auch der Nachteil dieses Benefits ist. Warum loben Manager dann überhaupt leistungsunabhängige Boni aus? Weil sie oft nicht motivieren, sondern beeindrucken wollen.

z.B

Eben weil der Standardbonus nicht viel für Individualverhandlungen taugt, sollten Sie den Bonus in unserem Kontext, also nach endgültiger Ablehnung eines Gehaltswunsches, eher in dieser Form einbringen: „Ich sehe ein, dass Sie im Moment für meinen Gehaltswunsch keinen Spielraum haben. Da dies an meinen erbrachten Mehrleistungen jedoch nichts ändert, schlage ich ersatzweise einen Bonus von ... Euro vor.“ Es versteht sich von selbst, dass Sie diesen Vorschlag so wählen, dass noch genügend Spielraum ist, sich herunterhandeln zu lassen und trotzdem noch das zu erreichen, was Sie sich wünschen.

Aber weil das für viele Frauen so ungewohnt ist, empfiehlt es sich, dieses Feilschen erst mal im informellen Rollenspiel mit einem männlichen Widerpart zu üben. Frau muss oft erst den Mut finden, mehr zu fordern, als sie sich eigentlich wünscht, um sich dann herunterhandeln zu lassen. Viele Frauen fragen: „Warum soll ich 700 fordern, wenn ich eigentlich nur 500 erwarte?“ Mit etwas Übung verschwinden diese Hemmungen schnell, wenn Sie Ihrem gesunden Frauenverstand eine Chance geben.

Die Prämie

Die Prämie ist eine leistungsbezogene Einmalzahlung. Der Unterschied zum Bonus: Sie können die zu erbringende Leistung von vornherein selbst beeinflussen. Viele Unternehmen haben ein festgeschriebenes Prämiensystem für genau definierte Team- und Einzelleistungen, zum Beispiel den termin-, budget- und zielgerechten Roll-out eines Projekts, das Erreichen von Leistungszielen, Kennziffern und Quoten, das Einreichen von Vorschlägen innerhalb des Vorschlagswesens oder für Kostensenkungen und Prozessverbesserungen.
Kennen Sie überhaupt alle Prämien, die es in Ihrem Unternehmen gibt? Erkundigen Sie sich doch mal. Das geht so weit, dass Sie die Schaffung von Prämien auch anregen dürfen. Engagement zahlt sich immer aus.

z.B

Julietta ist eine 23-jährige Büro-Angestellte in einem Installationsbetrieb. Da der Chef seit Jahren unter Hinweis auf die schlimme Lage im Handwerk nicht nur alle Gehaltswünsche abschmettert, sondern sukzessive auch Weihnachts- und Urlaubsgeld zusammengestrichen hat – immer mit der Begründung, dass „die Leute zu wenig kaufen" –, hat Julietta folgenden Vorschlag gemacht: „Sie sagen doch immer, dass wir zu wenig Installationsware verkaufen. Ich habe vor, im nächsten halben Jahr 50 Prozent mehr Lampen, Schalter, Torantriebe und Gartenbeleuchtungen zu verkaufen als im letzten halben Jahr. Damit machen wir einen Mehrumsatz von 20 000 Euro. Wenn ich es schaffe, möchte ich eine Leistungsprämie von 2000 Euro. Wenn ich es nicht schaffe, haben Sie den Mehrumsatz, ohne einen müden Euro dafür ausgeben zu müssen."

Das ist fast schon kein Angebot mehr, sondern eher eine Wette. Eine Wette, bei der Juliettas Chef nur gewinnen kann. Also schlägt er ein. Warum gewinnt Julietta die Wette? Julietta weiß es: „Weil der Chef nicht so den Überblick hat, wo bei uns die Umsatzpotenziale liegen. Eben weil sich bei uns kein Mensch richtig um die Installationsverkäufe kümmert, sind hier – und anderswo – noch immense Steigerungspotenziale drin. Die 50 Prozent Mehrumsatz waren ein Klacks. Ich musste einfach nur mit den Kunden reden. Bislang dachten bloß alle: Wozu sich groß anstrengen, wenn man doch nichts davon hat?" Julietta ist eine clevere Frau. Sie wird es noch weit bringen im Berufsleben – und glänzend dabei verdienen! Natürlich waren ihre beiden Kolleginnen erst mal richtig sauer auf sie. Doch nachdem Julietta ihnen gezeigt hat, wie auch sie Prämien verdienen können, sind die drei ein Herz und eine Seele.

Prämien lassen sich für alles und jedes einfordern.

Juliettas Chef beschwert sich beispielsweise seit Jahren darüber, dass zu viel Büromaterial verbraucht wird: „Das Kopierpapier wandert abends päckchenweise zum Haus raus!" Julietta bietet sich an, das Büromateriallager zu übernehmen – wenn sie mit 20 Prozent Prämie an jeder Kosteneinsparung beteiligt ist, die sie erreicht. Darüber verhandelt sie seit fünf Monaten mit dem Chef. Offensichtlich verfügt sie über mehr ökonomischen Sachverstand als er. Sie ist ja auch eine Frau ...

Finden Sie drei Zusatzleistungen, die Sie erbringen könnten, die eine Prämie wert sind. Nachdenken lohnt sich:

1) ______________________________

2) ______________________________

3) ______________________________

Fahren auf Firmenkosten

„Firmenwagen? Kriegt man das nicht nur im Außendienst?" Autsch, das tut weh.

Einen Firmenwagen kriegt nicht nur, wer einen braucht, sondern auch, wer einen fordert.

Für den Chef ist ein Firmenwagen nämlich oft steuergünstiger und besser zu budgetieren als eine Gehaltserhöhung. Also fordern Sie ruhig einen, wenn Sie einen gut gebrauchen könnten. Aber: Rechnen sollten Sie dabei können!

„Langfristig gesehen bedeutet weniger Gehalt auch soziale Abstriche und weniger Rente. Und über das ganze Berufsleben betrachtet sind ein paar Prozent weniger gar nicht so wenig." Aus: *Süddeutsche Zeitung*, 16.4.05

Jutta hat das Angebot ihres Chefs, einen Firmenwagen zu nutzen, abgelehnt: „Ich habe zwei Wochen lang gerechnet, mit Steuerberatern und Finanzheinis gesprochen und schließlich herausgefunden: Mit meiner Einkommenversteuerung des Firmenwagens fahre ich ungünstiger als mit der Gehaltserhöhung, die ich mir wünschte. Also haben wir etwas anderes ausgemacht."

Egal, was Sie an Ersatzleistung fordern: Informieren Sie sich vorab, wie das zu versteuern ist und was danach noch übrig bleibt und ob ein anderer Fringe Benefit nach Steuern nicht doch mehr brächte.

Das ist lästig, weil kein Mensch sich gerne mit dem anerkannt weltweit kompliziertesten Steuersystem beschäftigt – drei Viertel aller Steuergesetze der ganzen Welt macht allein das deutsche

Steuerrecht aus. Aber wie wir alle wissen: Auch Lästiges gehört manchmal zum Leben. Außerdem sind steuerliche Einzelprobleme längst nicht so komplex wie der komplette Steuerdschungel. Es gibt viele Kollegen, die Ihnen da gerne weiterhelfen. Schauen Sie sich mal um.

> Neben dem Firmenwagen gibt es auch das Firmenhandy: Viele Firmen übernehmen die Kosten fürs Handy und für die Nutzung (weil es kostenrechnerisch egal ist, ob sie es 100 Außendienstlern oder 100 Außendienstlern und 50 Angestellten bezahlen). Wie viel vertelefonieren Sie monatlich mobil? Würde sich das für Sie lohnen?
> Sie brauchen nicht gleich einen Firmenwagen zu fordern. Sie können sich auch den Weg zum Arbeitsplatz sponsern lassen. Viele Arbeitgeber zahlen bereitwillig eine Monatskarte für den öffentlichen Nahverkehr oder eine Bahncard, die Sie selbstverständlich auch privat nutzen können.

Sachzuwendungen

Unternehmen dürfen ihren Mitarbeitern bis zu 50 Euro pro Monat als so genannte Sachzuwendungen steuerfrei überweisen. Das wussten Sie nicht? Das wissen die wenigsten. Wer kennt sich schon so gut aus im Steuerdschungel? Es ist egal, ob es sich dabei um ein Abo im Fitness-Studio, Tankgutscheine oder Fachliteratur handelt. Was möchten Sie sich gerne vom Arbeitgeber bezuschussen lassen?

Das Cafeteria-Prinzip: Eine ist keine

Gehen Sie niemals mit nur einem Ersatzleistungsvorschlag zum Chef. Was machen Sie, wenn ausgerechnet dieser Vorschlag von der Geschäftsleitung ausgelistet wurde? Suchen Sie sich eine Hand voll aus.

Die Priorisierung ist eine taktische Frage: Wenn Sie per Bauchgefühl erwarten, dass der Chef Ihren ersten Vorschlag ablehnt, wählen Sie als Bauernopfer einen Wunsch, der Ihnen nicht so sehr am Herzen liegt. Ein bisschen Glück ist immer auch dabei.

Eine komplette Vorbereitung für ein Gehaltsgespräch besteht demnach aus:

1. Die richtige Einstellung gewinnen.
2. Gute Voraussetzungen schaffen für eine Gehaltserhöhung (nachweisbare Mehrleistungen, Zusatzqualifikationen ...).
3. Die richtigen Argumente zurechtlegen und deren Formulierung proben.
4. Die Einwände des Chefs antizipieren und deren Erwiderung proben.
5. Fünf Ersatzleistungen priorisieren.

Privilegien

Es gibt Privilegien, die sind nicht mit Geld aufzuwiegen. Helene zum Beispiel arbeitet in Unternehmen, das 500 Firmenparkplätze für 700 Beschäftigte hat. Da sie wegen der Kinder auf ihr Auto angewiesen ist, kassiert sie jedes Jahr für 150 Euro Strafzettel, weil sie „irgendwo in der Pampa" illegal parken muss. Als der Chef ihre letzte Gehaltserhöhung abschmetterte, hat sie nur darauf gewartet:

Zwei Tage zuvor war zufällig ein Firmenparkplatz frei geworden. Helene brachte ihn sofort ins Spiel. Der Chef war froh, dass er so billig davonkam, und zog an ein paar Fäden, um an den Parkplatz heranzukommen. Helene spart so jedes Jahr eine Stange Geld – und muss ihre Kinder nicht ständig warten lassen, wenn sie sie irgendwo abholen muss.

Welche Privilegien stünden Ihnen gut zu Gesicht? Was hat Ihr Unternehmen zu bieten? Worauf hätten Sie Lust? Schauen Sie sich um. Seien Sie kreativ – und mutig. Selbst wenn der Chef große Augen macht und sich wundert, was Sie sich alles wünschen – nehmen Sie's cum grano salis, wie schon Plinius sagte. Übrigens:

Wenn ein Vorgesetzter sich darüber mokiert, was Sie sich wünschen, betrachten Sie ihn wie ein ungezogenes, aber im Grunde liebes Kind: mit Nachsicht. Er hat das Problem – nicht Sie.

Denn es widerspricht sämtlichen Führungsprinzipien der zivilisierten Welt, sich über leistungssteigernde Wünsche von Mitarbeitern lustig zu machen. Es ist gerade das Geheimnis der Motivation, solche Wünsche zu fördern. Wenn Ihr Chef das Geheimnis der Motivation noch nicht kennt, seien Sie geduldig mit ihm.

Ines ist mal wieder mit einer Gehaltsforderung abgeblitzt. „Ganz spontan ist mir dann der Kragen geplatzt", gesteht sie danach mit leicht geröteten Wangen. „Dann geben Sie mir wenigstens einen Schlüssel für die Hauptverwaltung, damit ich morgens nicht jede Woche dreimal auf Sie oder den Entwickungsleiter stundenlang in der Kälte warten muss", hat sie den Chef angeblafft.

Der zog kommentarlos seinen eigenen Schlüssel vom Ring. „Mir ist erst hinterher aufgegangen, was für ein Privileg und eine schöne Sache das ist", sagt Ines. „Ich kann jetzt meinen Tag viel flexibler planen, kann abends auch mal früher weg und mit dem Partner was machen, weil ich morgens eine ganze Stunde früher anfangen kann als die Langschläfer aus unserer Entwicklungsabteilung." Was uns zu einem sehr bedeutsamen Punkt bringt.

Frauen lieben Fringe Benefits

„Männer lieben Geld, Frauen lieben Fringe Benefits", sagt Veronika, eine Personalreferentin in einem Dienstleistungsunternehmen. Ines (s.o.) zum Beispiel sagt: „Die Schlüsselgewalt ist besser als 100 Euro netto mehr im Monat." Das heißt: Ihr persönlich ist so ein Schlüssel mehr wert. Weil er ihr die Freiheit gibt, ihren Tag flexibler und autonomer zu gestalten, mehr Zeit für ihre Beziehung freizumachen, sich wie ihre eigene Herrin zu fühlen. Arbeitspsychologen sehen darin einen Vorteil, den sie nur leise auszusprechen wagen, weil er nicht p.c. ist, nicht political correct.

!

Dass Frauen weniger verdienen als Männer, kann auch ein Zeichen von größerer Autonomie, geistiger und körperlicher Gesundheit sein – sofern Frauen sich statt des Geldes Fringe Benefits holen.

Neun von zehn Männern hätten sicher gesagt: „Schlüssel? Was will ich denn mit einem Büroschlüssel! Ich will mehr Geld!" Seit Ines eine Stunde früher als der Rest der Kollegen zu arbeiten beginnt, schafft sie in dieser einen Stunde so viel wie in zwei normalen Stunden: „Dieses Gefühl, dem Stress immer eine

Nasenlänge voraus zu sein, ist mir mehr wert als eine Gehaltserhöhung." Hört sich irgendwie gesünder an, erwachsener, sinnvoller. Finden Sie nicht auch?

> „In Unternehmen, in denen es Betriebsräte gibt, sind die Lohnspreizungen geringer. Und das kommt den Frauen zugute." Thomas Hinz, Arbeitsforscher an der Uni Konstanz

Die Arbeitswelt wird heimlich weiblich

Männer interessieren sich für Lohnerhöhungen, Status, Position und Macht. Frauen interessieren sich stärker für die Vereinbarkeit von Beruf und Privatleben, besser bekannt als Work-Life-Balance. Überraschenderweise nimmt die Zahl der Männer, die vom einen zum anderen Interesse wechseln, in den letzten Jahren deutlich zu. Viele Männer, vor allem in gehobenen Positionen, sind inzwischen gar nicht mehr so brennend an Gehaltssteigerungen interessiert, sondern viel stärker an mehr Verantwortung, Freizeitausgleich oder höherwertiger Weiterbildung. Da sag noch eine, dass Männer nicht lernfähig sind ...

Arbeitsmittel

Die Rotstiftorgien der letzten Jahre sind legendär. Sie haben dafür gesorgt, dass viele Menschen auf Büromöbeln arbeiten müssen, die „noch aus der Kaiserzeit stammen", wie eine Sachbearbeiterin launisch bemerkte. Wenn der Chef nicht mehr Gehalt rausrückt, bestellen Sie einfach neue Büromöbel! Zumindest können Sie das einbringen.

z.B

> Sehr beliebt bei Männern ist die so genannte Notebook-Kompensation. Carlo erzählt: „Seit Jahren schmettert mir der Chef dieses superteure Notebook ab. Nachdem er meinen letzten Gehaltswunsch ablehnte, habe ich einfach gesagt:

‚Okay, einverstanden – aber dafür kriege ich endlich das Notebook.‘ Er hat zwar gemurrt. Doch ich habe den Chef noch nie so schnell eine Anforderung ausfüllen sehen.“

Was könnten Sie an Arbeitsmitteln im weitesten Sinne brauchen? Listen Sie mal gedanklich auf. Was würde Ihre Arbeit erleichtern, beschleunigen, effizienter, effektiver gestalten? Was würde Ihnen auch mehr Status verleihen? Basteln Sie sich Ihre Wunschliste!

Home-Office

Wenn Sie einen Bürojob haben, bietet sich das Home-Office als Benefit förmlich an – wenn Sie gerne von zu Hause aus arbeiten.

z.B

Silja erzählt: „Weil unser Unternehmen sparen muss, treten wir gehaltsmäßig seit Jahren auf der Stelle. Weil ich das schon lange wollte, habe ich dem Chef ein Home-Office vorgeschlagen. Der Clou daran: Die Firma spart auch noch Geld dabei, weil sie Bürofläche spart. Die haben mir sogar die Ausstattung meines Arbeitszimmers bezahlt! Jetzt komme ich jede Woche nur noch für einen Tag in die Zentrale.“

Upgrades

Verbessern Sie sich. Wenn der Chef schon nicht mehr Gehalt bewilligt, wie wäre es mit:

- ❏ besserer Unterbringung auf Geschäftsreisen?
- ❏ einem Upgrade bei der Beförderung: Flug statt Bahn, ICE statt Bummelzug?
- ❏ einem besseren PC?
- ❏ einem Upgrade Ihrer Arbeitssoftware?

❑ moderneren Arbeitsmitteln, Instrumenten, Geräten?
❑ einem besseren, größeren, moderneren Firmenwagen?

Womit arbeiten Sie, wovon es auch noch eine bessere Version gäbe? Was haben die Kollegen, was Sie auch gerne hätten?

Gut versichert

Wie wär's mit einer Direktversicherung? Die gesetzlichen Bedingungen dafür ändern sich zwar umso rascher, je dramatischer dem Staat das Geld ausgeht. Doch ein Blick auf die aktuellen Bestimmungen, besser: ein Nachfragen beim Steuerberater und kundigen Kollegen oder bei der Personalabteilung, lohnt sich immer.

„Die Arbeitgeber argumentieren, dass Frauen genauso behandelt werden wie Männer. Sie lehnen die Diskussion ab, dass man gleichwertige Jobs miteinander vergleichen muss." Anne Jenter, DGB

Denken Sie heute an morgen

Eine andere Frage: Was glauben Sie, wie viel Rente Sie noch bekommen, wenn Sie in Rente gehen? 50 Prozent, 40 oder nur noch 30 Prozent von Ihrem letzten Gehalt? Man sagt Frauen nach, dass sie noch weniger als Männer an die eigene Absicherung im Alter denken. Passen Sie besser auf sich auf. Sie sind es sich wert. Wer sollte es sonst für Sie tun? Etwa „die Männer"?
Erkundigen Sie sich nach den Möglichkeiten einer firmengesponserten privaten Altersvorsorge. Die Möglichkeiten, die den Firmen hier offen stehen, sind sehr vielfältig. Wenn Ihr Unternehmen in dieser Hinsicht etwas schlafmützig ist, helfen Sie den entsprechenden Stellen einfach mit weiblicher Überzeugungskraft aufs Pferd.

Keine Angst vor Extrawürsten!

Fritz ist Sportschütze. Damit er öfter und besser trainieren kann, bittet er seinen Vorgesetzten um eine individuelle Anhebung des Gleitzeitlimits. Der Chef sagt: „Da könnte ja jeder kommen!“ Drei Wochen später genehmigt er Gundula die Gleitzeiterhöhung, damit sie auf den Hawaii Ironman trainieren kann; sie ist Triathletin. Warum Gundula und nicht Fritz? Weil sie eine Leistungsträgerin und er eher ein „Mitläufer“ ist. Laut Chef kriegt sie immer die „heißen Projekte“ und liefert diese on time ab.

Solange Sie Mehrleistung bringen, dürfen Sie auch Extrawürste anmelden.
Die verrücktesten Sonderwünsche sind dann machbar – und meist besser als jede Gehaltserhöhung. Fritz quengelt: „Aber ich brauche doch meine Trainingszeit!“ Tut mir leid, Fritz. Es interessiert den Chef offensichtlich nicht, was du brauchst, sondern was du bringst. Wenn du so viel leistest wie Gundula, kannst du auch so viel fordern.

Alles schriftlich!

Ich kenne Ihren Chef nicht. Aber wahrscheinlich ist er/sie auch nur ein Mensch. Neulich beschwerte sich eine Coachee: „Ich habe stundenlang mit dem Chef verhandelt, bis wir endlich aus Überstundenerlaubnis, Fahrtkostenzuschuss und Prämie einen Ersatz für eine normale Gehaltserhöhung zusammengebastelt hatten. Dann kriege ich meine erste Gehaltsabrechnung – er hat mich um 80 Euro betrogen!“ Ja? Nein.

Der Chef ist auch nur ein Mensch. Er betrügt Sie nicht – wahrscheinlich hat er die komplizierte Ersatzleistungsregelung einfach nur nicht kapiert. Oder vergessen.

Deshalb mein Tipp: Fassen Sie noch in der Verhandlung in Stichpunkten das Vereinbarte zusammen und schieben Sie den Zettel dem Chef hin, damit er sieht, was ausgehandelt wurde und gegebenenfalls Anmerkungen machen kann. Dann kündigen Sie an, dass Sie ihm über diese Vereinbarung noch eine kurze Gesprächsnotiz zukommen lassen werden.

Wie schon Goethe sagte: Was er schwarz auf weiß besitzt, kann der Chef getrost in sein Büro tragen und auf die Reihe kriegen. Wissen Sie, was manche Frauen zu diesem Vorschlag sagen? „Ach, so misstrauisch muss ich nicht sein. Der Chef wird das schon richten!" Wenn das hinhaut, gratuliere. Wenn nicht, erinnern Sie sich an den alten Spruch: Wer schreibt, der bleibt.

Vorsicht, Ausflüchte!

Die meisten Chefs haben ein so schlechtes Gewissen, wenn sie vorher Ihren Gehaltswunsch abgewiesen haben, dass sie danach bei den Sonderleistungen gerne zusagen. Manche Chefs jedoch sind „harte Knochen". Sie erkennen sie daran, dass sie selbst noch Ihre Ersatzleistungswünsche abbügeln möchten. Das machen sie oft nicht frank und frei, sondern mit einem Trick: „Das kann ich nicht allein entscheiden. Aber ich setze mich beim ... für Sie ein!" Viele Frauen vertrauen darauf. Frauen sind ja so leichtgläubig!

„Hundertprozentige Diskriminierungsfreiheit gibt es nicht."
Petra Ganser, Verdi

Lassen Sie sich nicht vertrösten. Bleiben Sie dran. Fragen Sie jede Woche einmal nach: „Hat der ... schon entschieden?" Wenn Sie das Gefühl haben, dass Sie nur hingehalten werden, überlegen Sie sich einen anderen Sonderwunsch. Einen, den Ihr Chef autonom bewilligen kann, und verhandeln Sie neu. Selbst ist die Frau.

Viele Frauen verwechseln den Chef mit ihrem Vater. Sie glauben, dass der Chef sich schon um sie und ihre Wünsche kümmern werde.

Wenn er das tut, gratuliere. Wenn nicht, sollten Sie Ihr Leben selbst in die Hand nehmen. Je früher, desto besser ...

Qualifizieren Sie sich!

Eine Ursache des Gehaltsgefälles zwischen den Geschlechtern sind unterschiedliche Entwicklungspfade.

„Am wesentlichsten für Lohnunterschiede ist, dass Männer und Frauen bei der Einstellung anders behandelt werden. Sie werden auf unterschiedlich entwicklungsfähige Positionen gesetzt. Langfristig haben Frauen dadurch die schlechteren Karrierechancen und damit auch weniger Gehalt.“ Thomas Hinz, Berufsforscher an der Uni Konstanz

Daraus lassen sich grundsätzlich zwei Schlüsse ziehen:

1. Schon beim Einstellungsgespräch sollte jede Bewerberin ihre längerfristige Entwicklungsperspektive ins Auge fassen.
2. Wer auf einer Sackgassen-Position geparkt ist, sollte aus der Sackgasse rauskommen.

Nicola ist „einfache“ Buchhalterin. In ihrem Unternehmen hat sie das Gehaltslimit erreicht: Als einfache Buchhalterin macht man eben keine großen Gehaltssprünge. Der Kollege, mit dem zusammen sie vor etlichen Jahren eingestellt wurde, ist inzwischen Group Controller in der Fertigung – und verdient erheblich mehr.

Weil Nicola sieht, dass es für sie nicht mehr weitergeht, vereinbart sie mit ihrem Vorgesetzten ein Gehaltsgespräch, in dem er wie immer ihren Gehaltswunsch nach übertariflicher Gehaltserhöhung ablehnt. Doch diesmal hat sie als Ersatzwunsch eine berufsbegleitende, staatlich anerkannte Ausbildung zur Controllerin mitgebracht. Nach drei Anläufen genehmigt der Chef die Ausbildung. Nicola lächelt: „Als Controller verdient man mehr und kann sich noch weiterentwickeln."

Jeder ist seines eigenen Glückes Schmied, sagte schon Sallust, der Römer. Natürlich macht es etwas Mühe, mit dem Chef über die eigene Entwicklung zu verhandeln. Doch diese Mühe lohnt sich sehr.

Vorsicht vor Aktien!

Viele Firmen bieten Mitarbeitern Aktien am eigenen Unternehmen an – als Verhandlungsmasse bei Gehaltsverhandlungen. Das Argument ist immer: „Die Aktien sind derzeit ... Euro wert! Und denken Sie bloß an das Gewinnpotenzial unserer Aktie!" Fallen Sie nicht darauf herein!

Erstens ist die Aktie eben nicht ... Euro wert – denn das impliziert, dass Sie sie zum heutigen Kurswert an der Börse verkaufen könnten. Können Sie aber oft nicht, weil die Aktien eben nicht frei verfügbar sind, sondern mit Auflagen ausgegeben werden.

Und wegen des versprochenen Kursgewinns brauchen Sie bloß die Bewegung der Aktie in den letzten zwölf Monaten, den letzten fünf Jahren anzuschauen – im Internet natürlich, auf neutralen Seiten Ihrer Bank zum Beispiel; bloß nicht auf der

Homepage des eigenen Unternehmens! Die meisten Mitarbeiter, die sich auf diesen Kuhhandel einließen, hatten keine Freude daran und haben mächtig Geld dabei verloren. Ist ja eigentlich klar, oder? Wie ein Börsianer das lakonisch formulierte: „Wenn eine Aktie super läuft – warum sollte der Vorstand sie dann an die eigenen Mitarbeiter verschenken? Wenn einer was verschenkt, dann doch nur, wenn es sowieso wertlose Papiere sind."

Überstunden

In den vergangenen Rotstiftjahren haben die Arbeitgeber nicht nur das Weihnachts- und Urlaubsgeld zusammengestrichen, sondern auch die Anzahl der unbezahlt abzuleistenden Überstunden manchmal kräftig angehoben. Keine schöne Entwicklung? Machen Sie sie wenigstens teilweise rückgängig.

Vereinbaren Sie mit dem Chef, dass er statt einer Gehaltserhöhung Ihnen einfach x Überstunden pro Woche auszahlt.

Klar, dafür sollten Sie zuerst abklären, was nach Steuern noch übrig bleibt und ob nicht eine Betriebsvereinbarung dagegensteht. Aber viele Frauen, die das Geld eben wegen Hausbau oder chronischer Klammheit am Monatsende einfach brauchten, sind mit dieser Ersatzlösung sehr zufrieden.

Mehr Freiraum

Der Fantasie sind bei Gehaltsverhandlungen keine Grenzen gesetzt. Vor allem dann, wenn Ihr ursprünglicher Gehaltswunsch abgelehnt wurde. Von einer leitenden Angestellten eines Verlags ist bekannt, dass sie sich statt einer fälligen Gehaltserhöhung ausbedungen hat, jede Woche einen Nachmittag lang auf den Golfplatz zu gehen, um Golfen zu lernen. Ihr Arbeitgeber

lachte sich ins Fäustchen: „Das kostet uns keinen Cent! Die Frau ist so gut, die schafft doch trotzdem ihr Pensum! Wir sparen dabei sogar noch – nämlich die überfällige Gehaltserhöhung.“
Wie wär’s mit mehr Freiraum statt mit mehr Gehalt?

z.B

Kristin klagt schon lange über Arbeitsüberlastung. Deshalb hat sie ihrer Chefin angeboten: „Ich leiste glatt ein Viertel mehr als noch vor einem Jahr. Ich verzichte jedoch auf eine Gehaltserhöhung, wenn Sie mir wenigstens eine Teilzeitassistentin geben oder zumindest die budgetären Aufgaben jemandem anders delegieren.“ Die Chefin war völlig perplex: Daran hatte sie noch nie gedacht. Es war deshalb ein Leichtes für Kristin, sie von den Vorzügen ihrer Vorschläge zu überzeugen.

Die innere Defätistin bei der Hand nehmen

Mit Fringe Benefits lässt es sich gut leben. Clevere Frauen haben sich auf diese Weise über die Jahre ein Portfolio an Sonderrechten, Privilegien und Vergünstigungen ausgehandelt, die das Berufsleben sehr viel angenehmer, lohnender und erfolgreicher gestalten. Außerdem wachsen damit die Anerkennung und das Prestige – nicht zu vergessen das Selbstbewusstsein.
Wenn wir in Seminaren diskutieren, was die eine oder andere Teilnehmerin an Fringe Benefits bereits durchgesetzt hat, kommt jedoch reflexhaft oft der Einwand: „Das kriege ich nie! Das ist bei uns nicht üblich!“ Gut, akzeptiert – und jetzt gehen Sie zum Chef und probieren es aus. Wenn Sie ohnehin schon wissen, dass er den Wunsch ablehnt, kann Ihnen wenigstens keine böse Überraschung drohen.

!

Es ist okay, wenn Ihnen die Muffe geht – das eigene Muffensausen jedoch auf den Chef zu schieben ist nicht besonders nett gegenüber dem Chef.

Wem machen Sie was vor? Sagen Sie doch ehrlich: „Ich trau mich das nicht!" Und dann gehen Sie zum Chef und fragen nach. Fragen kostet nichts. Warum trauen sich viele Frauen nicht zu fragen?

Mit Absagen umgehen

Dass viele Frauen sich nicht trauen, Ersatzleistungen einzufordern, lässt sich auch mit ihrem Verhalten bei Absagen erklären:
Mitarbeiterin: „Chef, wenn es schon nichts wird mit der Gehaltserhöhung, wie wär's dann mit einem Zuschuss zum Kindergartengeld?"
Chef: „Nö, ist nicht drin."
Mitarbeiterin: „Tschuldigung, ich hab's nicht so gemeint."

Man sagt Frauen nach, dass sie mit Absagen nicht umgehen können. Sie nehmen sie persönlich. Sie schmollen, trotzen oder entschuldigen sich förmlich dafür, dass sie einen Wunsch geäußert haben. Sie fühlen sich mies dabei.

Das kommt bei Männern natürlich super an: „Typisch Frau. Traut sich nichts zu und entschuldigt sich noch dafür, dass sie atmet." Diese Absagen-Phobie hat jedoch auch Auswirkungen aufs eigene Verhalten: Wer auf Absagen auf eine Weise reagiert, die sehr schmerzhaft ist, wird alles versuchen, um solche Absagen zu vermeiden – also zum Beispiel gleich gar nicht nach etwas fragen, das abgelehnt werden könnte.

Wer alles vermeidet, was eine Absage einbringen könnte, bringt es im Leben nicht weit.

Vermeidung ist keine besonders intelligente Art, mit Absagen umzugehen.

Sieben intelligente Möglichkeiten, mit Absagen umzugehen

Intelligent mit einer Absage umzugehen heißt, zwei Fliegen mit einer Klappe zu schlagen. Erstes Ziel: sich gut fühlen – trotz Absage. Zweites Ziel: mit erhobenem Haupt aus dem Gespräch gehen. Hier einige Musterformulierungen zur gefälligen Adaption an Ihren eigenen Sprachgebrauch:

Jede Menge Musterformulierungen

1. „Ich versuche, Ihnen gerade eine goldene Brücke zu bauen, damit Sie meinem Gehaltswunsch in anderer Form doch noch nachkommen können."
2. „Ich wollte es Ihnen lediglich etwas leichter machen, mir das zu geben, was ich meiner Meinung nach verdient habe."
3. „Sie erwarten jetzt aber nicht wirklich, dass ich mich für meinen Wunsch entschuldige?"
4. „Naja, dann eben nicht. Fragen schadet angeblich nichts."
5. „Auch gut. Ich wollte bloß mal fragen."
6. „Einverstanden. Was schlagen Sie stattdessen vor?"
7. „Was könnten Sie sonst für mich tun?"

Die Taube auf dem Dach

Insbesondere guten Chefs ist es oft unangenehm, dass sie beim Gehalt keinen Spielraum haben – außer nach unten. Sie flüchten dann manchmal in rosige Aussichten: „Sobald die Geschäftsleitung ... ist wieder mehr drin!" Frauen lassen sich ja so gut vertrösten! Lassen Sie's nicht mit sich machen. Sagen Sie: „Wenn das so kommt, ist das sehr schön. In der Zwischenzeit hätte ich gerne ... " Und dann melden Sie Ihren Wunsch an. Gehen Sie Ihre Wünsche einen nach dem anderen durch. Bis Sie einen finden, den der Chef hic et nunc, hier und jetzt, bewilligen kann. Den Fall, dass gar nichts geht, gibt es nicht.

„Die einzelne Frau merkt die Diskriminierung ja oft gar nicht.“ Anne Jenter, DGB

Sie brauchen das alles nicht?

Wenn wir in Seminaren die schier endlose Liste der Fringe Benefits diskutieren, meldet sich irgendwann immer eine Teilnehmerin und sagt: „Wieso soll ich ein superklasse neues Notebook fordern? Was will ich mit einem Notebook? Ich brauche kein Notebook.“ Dasselbe ließe sich über viele Ersatzleistungen sagen. Bevor Sie jedoch einen Sonderleistungswunsch beiseite legen, bedenken Sie:

- Ihr Gehaltswunsch wurde eben abgelehnt. Wenn Sie nicht zumindest einen Ersatzwunsch anmelden, machen Sie es dem Chef zu leicht.
- Sie vermitteln ihm die Botschaft, dass Ihnen Ihr Wunsch nicht wirklich wichtig ist.
- Sie suggerieren ihm, dass Sie leicht von Ihren Wünschen abzubringen sind.
- Sie erwecken bei ihm den Eindruck, dass er Sie nicht ernst nehmen muss.
- Sie erschweren sich Ihr nächstes Gehaltsgespräch, denn der Chef weiß ja jetzt, wie leicht Sie ihm eine Absage machen.
- Der Chef könnte den Eindruck bekommen: „Die ist an mehr nicht wirklich interessiert.“
- Lohn, Gehalt und Ersatzleistungen sind nicht nur Lohn, Gehalt und Ersatzleistungen. Sie sind immer auch Spiegel Ihrer Leistungsfähigkeit und Ihres Leistungsbewusstseins: Wer viel leistet, darf auch viel fordern. Wenn Sie nicht viel fordern, könnte der Chef glauben, dass Sie nicht viel leisten – oder selbst nicht viel von Ihrer Leistung halten.

„Geld oder gar nichts!“ ist keine intelligente Einstellung für ein Gehaltsgespräch

- Fringe Benefits heben auch Ihren Status im Unternehmen: Je mehr Sie davon haben, desto eher kriegt der Chef den Eindruck, dass Sie irgendwann mal reif für eine echte Gehaltserhöhung sind. Nach dem Motto: „Wenn die Frau so wichtig ist, warum verdient sie dann so wenig?“

Sie hätten nicht gedacht, dass ein simpler Verzicht auf Sonderwünsche derart negative Folgen hat? Vielleicht ist es deshalb besser, manchmal ein Notebook zu fordern, mit dem nachher die Kinder spielen, als die aufgezeigten Negativfolgen in Kauf zu nehmen.

Vorsicht vor Trotzkompensation!

„Wenn der Chef mir nicht mehr bezahlt, selber schuld. Dann surfe ich eben öfter im Internet, mache die Steuer im Büro oder telefoniere privat.“ Das hört man derzeit oft. Mitarbeiter sind nicht dumm. Sie lassen sich nicht endlos drücken. Sie kompensieren Streichorgien meist mit, wie der Psychologe sagt, „taktischem Anpassungsverhalten“ – zum Schaden des Unternehmens. Corinne Meier (*Die Entdeckung der Faulheit*) hat darüber ein Buch geschrieben, an dessen reißendem Absatz allein erkennbar ist, wie trotzig und intensiv Arbeitnehmer derzeit kompensieren. Die Sache hat nur einen Haken.

> Selbst wenn Sie wie eine Weltmeisterin im Internet surfen mehr Gehalt oder Anerkennung bekommen Sie dafür nicht!

Wenn alle Verhandlungen scheitern, können Sie immer noch surfen. Besser wäre jedoch, wenn Sie stattdessen Ihre nächste Verhandlungsrunde vorbereiten würden. Denn auch für Gehaltsverhandlungen gilt das alte Sprichwort: Steter Tropfen höhlt den Stein.

„Bei Bewerbungsgesprächen sind sich Frauen der Gehaltsproblematik nicht so bewusst und fordern nicht genug. Sie machen sich oft im Vorfeld nicht über ihren Marktwert schlau und sind zu wenig offensiv.“ Doris Jeckle-Upton, Frauennetzwerk EWMD

Benefit Picking

Sie haben eine große Auswahl an Fringe Benefits kennen gelernt. Picken Sie sich jene heraus, die für Sie attraktiv sind, und verhandeln Sie darüber mit dem Chef, wenn Ihr nächster Gehaltswunsch abgelehnt oder heruntergehandelt wurde.

Auch wenn der Chef Ihrem Gehaltswunsch nachgibt, Sie aber heruntergehandelt hat, können Sie sagen: „Gut, ich komme Ihnen bei der Höhe der Gehaltserhöhung entgegen. Aber dafür genehmigen Sie mir ...“

Sie müssen dabei kein schlechtes Gewissen haben. Die meisten Chefs wollen durchaus gute Mitarbeiterinnen halten (Sie sind eine – schlechte Mitarbeiter lesen dieses Buch nicht). Auch wenn sie hart über Fringe Benefits verhandeln, sehen sie doch ein, dass jeder Benefit hilft, eine gute Mitarbeiterin zu halten. Außerdem sind Ersatzleistungen eine ideale Alternative, wenn das Unternehmen gerade wirklich kein Geld für Personalkosten hat. Deshalb sind die Verhandlungen über Fringe Benefits oft überraschend schnell, leicht und einfach. Probieren Sie's aus!

Das Ende der Anspruchsmentalität

Fringe Benefits sind ein schönes Beispiel dafür, wie unsere moderne Welt funktioniert: Mit der Anspruchsmentalität „Das steht mir zu! Also gib es mir!" oder wie die Amerikaner sagen „Hold me, feed me, love me", kommen Sie heute nicht mehr weit.

„Das Verhandeln ums Gehalt ist mit vielem anderen verwoben. Frauen hinken hier hinterher, weil sie auch nicht so sehr um Status, Macht und mehr Verantwortung kämpfen wie Männer." Doris Jeckle-Upton, Frauennetzwerk EWMD

Das Leben ist noch immer ein Füllhorn der Möglichkeiten – doch sie fallen uns nicht mehr wie in den fetten Jahren wie die gebratenen Tauben in den Mund. Es gibt eine Menge Fringe Benefits – für die Frau, die erwachsen genug ist, sie sich zu holen, sie unermüdlich und einfallsreich einzufordern. Wer darüber klagt, dass es Frauen in dieser Arbeitswelt einfach schwer hätten (was stimmt), hat in dieser Arbeitswelt schon verspielt. Heute haben Frauen die Nase vorn, die nicht (nur) klagen, sondern sich die Dinge holen, die sie sich wünschen. Anderswo sind wir ja auch nicht so schüchtern ...

7 Unter der Gürtellinie: Wenn Männer zum Tier werden

Was auch immer Frauen machen,
sie müssen es stets doppelt so gut wie Männer tun,
um als halb so gut angesehen zu werden –
glücklicherweise ist das nicht so schwer.
Charlotte Whitton, kanadische Politikerin

Die Zeiten sind für Frauen härter geworden

Das Klima bei der Arbeit ist frostiger geworden. Die Konjunkturschwäche der letzten Jahre hat die Stimmung in der Arbeitswelt eingetrübt. Zu dieser Stimmungsverschlechterung gehört auch, dass sich der Kampf der Geschlechter verschärft hat. Inzwischen hört frau auch wieder das bis vor kurzem noch als überwunden geglaubte Dictum aus längst vergessenen Tagen: „Die soll heim an den Herd – die nimmt doch bloß einem Mann den Arbeitsplatz weg!"

Das Klima für Frauen im Beruf ist merklich kühler geworden. !

Diese Klimaverschlechterung wirkt sich auch auf Gehaltsverhandlungen aus, wie Sie vielleicht schon bemerkt haben werden.

„Die hat sich doch bloß hochgeschlafen!"

„Was will die? Mehr Gehalt? Die hat doch nichts drauf! Die hat sich doch bloß hochgeschlafen!" Es ist die Furcht vor solch übler Nachrede, die viele Frauen davon abhält, Karriere zu machen oder eine fällige Gehaltserhöhung einzufordern. Seit die Zeiten wirtschaftlich schlechter wurden, sind solche üblen Anspielungen wieder öfter zu hören. Natürlich wagen es Männer nur sehr selten, Frauen solche Sprüche offen ins Gesicht zu sagen. Doch frau bekommt das auch indirekt mit: durch gehässige Blicke, Tuscheln hinter ihrem Rücken oder Hörensagen von angeblich wohlmeinenden KollegInnen.

> Je schwieriger die Wirtschaftslage, desto stärker sollten Sie mit Neidattacken rechnen.

Je erfolgreicher, kompetenter und leistungsstärker eine Frau ist und je schwächer die Konjunktur, desto stärker werden Frauen im Beruf attackiert. Der einzige Trost: Männer attackieren keine Loser. Jede Frau ahnt das. Lediglich die Reaktionen darauf unterscheiden sich:

Neid müssen Sie sich verdienen. Mitleid bekommen Sie geschenkt

A. Etliche Frauen verzichten auf Karriere und Gehaltserhöhung, um dem bösen Gerede zu entkommen. Die Psychologin nennt das Vermeidungsverhalten.
B. Einige Frauen gehen aktiv mit dem Gerede um. Das nennt man Bewältigung.

> „Niemand kann Sie gegen Ihren Willen beleidigen." Eleonora Roosevelt

Checkliste: Böse Bemerkungen bewältigen

❏ Frauen hoffen tendenziell zu sehr auf Harmonie am Arbeitsplatz. Lassen Sie sich nicht überraschen: Sobald Sie beruflich vorankommen wollen, werden Ihnen direkt oder indirekt auch böse Bemerkungen zu Ohren kommen. Rechnen Sie damit.

❏ Wägen Sie bewusst ab: Was ist mir wichtiger? Nie eine böse Bemerkung über mich zu hören oder es im Leben zu etwas zu bringen?

❏ Machen Sie sich bewusst: Wenn einzelne Männer schlecht über Sie reden, ist das gut. Es heißt nämlich nicht, dass Sie schlecht sind, sondern dass einige Männer neidisch auf Sie sind.

❏ Erinnern Sie sich daran, dass Neid etwas Gutes ist. Nur erfolgreiche Menschen werden beneidet. Oder wie eine Ingenieurin in einem von Männern dominierten Unternehmen sagt: „Wenn einige Kollegen neidisch auf mich sind, muss ich wohl etwas richtig machen."

❏ Sagen Sie sich: „Die Männer haben das Problem – nicht ich. Es ist ihr eigener Schaden, wenn sie mit starken Frauen nicht zurechtkommen."

Neid nicht ertragen, sondern bewältigen

❏ Männer, die mit starken Frauen nicht zurechtkommen, sind selbst schwach. Konzentrieren Sie sich auf die starken Männer. Was wollen Sie mit einem Weichei?

❏ „Der kriegt wohl keine ins Bett." Eine etwas radikale Bewältigung unflätiger Anwürfe – aber sehr wirkungsvoll.

❏ Denken Sie daran: Wenn Sie persönlich angegriffen werden, heißt das auch, dass keine sachlichen Argumente gegen Sie sprechen. Das disqualifiziert jeden Angriff als unsachlich und gegenstandslos.

❏ „So was kann ich einfach nicht ernst nehmen!" Auch eine gute Bewältigung.

Halten Sie Ihr Selbstwertgefühl immer schön stark!

❏ Stellen Sie sich die Frage: Wie würde ich mit Neid, Intrigen und übler Nachrede umgehen, wenn mein Selbstvertrauen unerschütterlich wäre? Sie würden sich anders fühlen, anders verhalten? Wir erkennen daran: Der Umgang mit den Schattenseiten des Berufslebens ist hauptsächlich eine Frage des Selbstwertgefühls. Je besser gepflegt es ist, desto besser bewältigen Sie Attacken.

„Manche Frauen verbringen täglich Stunden mit der Pflege von Frisur, Figur und Aussehen. Die Pflege des Selbstwertgefühls vergessen sie." Manuela Schmied, Friseurin

Das Graue-Maus-Syndrom

Da insbesondere erfolgreiche und leistungsstarke Frauen, die obendrein attraktiv sind, unter Unflätigkeiten am Arbeitsplatz leiden, kommen einige von ihnen auf die Idee, sich zu „tarnen". Resultat: Der bekannte Look Marke „Graue Maus". Nach dem Motto: Wenn ich nicht auffalle, lässt man(n) mich vielleicht in Ruhe. Die Tarntaktik erscheint auf den ersten Blick einleuchtend, hat jedoch drei gravierende Nachteile:

1. Sie beschädigt auf Dauer das Selbstwertgefühl, weil niemand sich ohne seelische Schäden jahrelang selbst verleugnen, nach einem fremden, aufoktroyierten Willen richten und kleiden kann.
2. Graue Mäuse bringen es karriere- und gehaltsmäßig nicht sehr weit. Optische Präsenz ist für beruflichen Erfolg und für den Erfolg in Gehaltsgesprächen unerlässlich.

Graue Mäuse sind nicht gut bezahlt

3. Der Schuss geht nach hinten los: Graue Mäuse werden nämlich nicht wie erhofft in Ruhe gelassen, sondern bevorzugt herumgeschubst, missachtet und benachteiligt.

!

Die Mobbingforschung zeigt, dass – wenig verwunderlich – nicht starke, selbstbewusste Frauen bevorzugt gemobbt werden, sondern hauptsächlich die Grauen Mäuse.

Das brachte eine Frauenbeauftragte mal zu dem denkwürdigen Ausspruch: „Frauen am Arbeitsplatz haben eigentlich nur die Wahl, attackiert zu werden, weil sie stark sind, oder benachteiligt zu werden, weil sie schwach sind. Wenn ich diese Wahl habe, werde ich doch lieber attackiert!“ Sie finden, in unseren angeblich so zivilisierten Zeiten sollte eine Frau nicht vor diese Wahl gestellt werden? Da stimme ich Ihnen zu. Das Problem ist bloß: Die Welt schert sich wenig darum. Frauen werden täglich vor diese Wahl gestellt. Ich weiß, was ich wähle. Was wählen Sie?

Treffen Sie Ihre Wahl: Stark sein oder schwach?

Frauen werden chronisch unterschätzt

Beim Stichwort „Kampf der Geschlechter“ denken wir unwillkürlich daran, dass die bösen Männer die armen Frauen gezielt bekämpfen, etwa nach dem Muster:
Sie: „Ich möchte 30 000 Euro Jahresgehalt.“
Er: „Ich wär’ ja schön blöd, wenn ich einer Frau genau so viel bezahlen würde wie einem Mann.“
Wenn ein Chef das tatsächlich sagen würde, gäbe es kein geschlechtsspezifisches Gehaltsgefälle, weil jeder Richter solche Chefs sofort wegen Diskriminierung verdonnern würde. Nein, das Gehaltsgefälle wird meist von subtileren Mechanismen verursacht und am Leben erhalten.

Barbara bringt im Meeting einen Vorschlag zur Prozessbeschleunigung zwischen den Abteilungen ein. Barbaras Chef nimmt den Vorschlag auf und fragt wie selbstverständlich in die Runde: „Wer übernimmt das Projekt? Bei wem passt es noch rein?“ Barbara wendet zaghaft ein, dass sie eigentlich davon ausging, dass sie selbst die Prozessbeschleunigung übernimmt. Der Chef fragt erstaunt: „Ja trauen Sie sich (als Frau!) das denn zu?!“ Seltsamerweise hat er diese Frage keinem der Kollegen gestellt, die sich auf seine Frage hin gemeldet haben.

Das verunsichert Barbara doch sehr. Spontan schießen ihr Gedanken durch den Kopf wie: „Vielleicht bin ich wirklich noch nicht reif dafür. Was, wenn ich das Projekt an die Wand fahre?“

Im Beruf (und anderswo) unterschätzen Männer Frauen in der Regel. Frauen gelten als nett, sympathisch, sozial, harmlos und kollegial – nicht unbedingt als kompetent und leistungsstark (auch wenn sie es sind). Das liegt zum Großteil am typisch weiblichen Auftreten im Beruf (s. Ratgeber *Körpersprache für freche Frauen*). Viele Frauen nehmen die chronische Unterschätzung bewusst oder unbewusst in Kauf. Sie wissen nicht:

!

Wer fünfmal unterschätzt wird, kriegt einmal weniger Gehalt.

Denn wie viel Gehalt jemand kriegt, hängt in Ermangelung wirklich leistungsadäquater Entlohnungssysteme immer noch hauptsächlich vom Eindruck ab, den dieser Jemand beim Chef erweckt. Und wem der Chef wenig zutraut, weil er den Eindruck hat, dass dieser Jemand sich auch wenig zutraut, dem gibt er auch weniger Gehalt. Es ist nicht gut, chronisch unterschätzt zu werden – nicht nur für den Geldbeutel, auch fürs Selbstwertgefühl und das berufliche Vorwärtskommen.

Checkliste: Bekämpfen Sie die Unterschätzung!

- ❑ Wenn Sie sich eigeninitiativ für eine Aufgabe melden und ein Mann Sie fragt, ob Sie sich die Sache überhaupt zutrauen, gibt es nur eine Antwort: ein lautes und klares Ja, begleitet von einem selbstbewussten Lächeln.
- ❑ Lassen Sie sich nicht einreden, dass Sie noch nicht reif für eine Aufgabe sind. Widerstehen Sie der Versuchung des Selbst-

zweifels, in die der Mann Sie führt. Wenn Sie sich die Aufgabe zutrauen, dann reicht das als Voraussetzung.

- Gerade für Gehaltsverhandlungen ist entscheidend, dass Sie erfolgreiche Sonderaufgaben und Prestigeprojekte vorweisen können. Dafür, dass Sie Ihren Arbeitsvertrag erfüllen, gibt's keine Gehaltsanpassung! Gehaltserhöhungen gibt es nur für jene Leistungen, die über das vertraglich Vereinbarte hinausgehen.

Lassen Sie sich nicht unterschätzen!

Schätzen Sie sich glücklich, wenn ein Mann Sie fragt: „Ja trauen Sie sich das denn zu?" Meist läuft nämlich die Unterschätzung der Frau subtiler ab: Ihnen werden Sonderaufgaben und Prestigeprojekte von vornherein nicht angeboten, weil man(n) a priori davon ausgeht, dass frau sich das nicht zutraut und/oder stemmen kann. Daraus folgt:

- Halten Sie Augen und Ohren offen: Wo sind die guten Aufgaben und Projekte, die Futter für Ihre nächste Gehaltserhöhung bieten können?
- Warten Sie nicht darauf, bis sie Ihnen angetragen werden. Bemühen Sie sich von sich aus um sie!
- Gibt es in Ihrer Abteilung oder Ihrem Unternehmen keine oder zu wenige attraktive Projekte, leiern Sie selbst welche an! Fragen Sie Kollegen und Vorgesetzte: „Was ist mit ... ? Brauchen wir nicht schon lange ... ?"
- Sorgen Sie für eine ausreichende Menge von Aufgaben und Projekten, mit denen Sie sich auszeichnen: Eine Schwalbe macht noch keinen Sommer!

Was hindert Sie daran? Wahrscheinlich und pikanterweise dasselbe, womit Männer Sie hindern: Unterschätzung.

Auch Frauen unterschätzen sich

Als Barbaras Chef fragte, ob sie sich die Aufgabe überhaupt zutraut, kamen ihr automatisch selber Zweifel. Zweifel, die sachlich nicht berechtigt sind. Denn:

Männer überschätzen sich und unterschätzen Frauen. Frauen unterschätzen sich und überschätzen Männer.

Oder anders ausgedrückt: Männer haben meist weniger drauf, als sie selbst meinen. Frauen haben meist mehr drauf, als sie selbst glauben. Das Problem ist kein triviales: Wenn ich mir selbst wenig zutraue, übernehme ich auch weniger Extra-Aufgaben, als ich eigentlich bewältigen könnte, und fordere auch weniger Gehalt, als mir zusteht. Im Kampf um gleiches Gehalt für gleiche Leistung ist die Selbstunterschätzung der Frau ein mächtiger Verbündeter der Männer. Eine Kollegin prägte dazu einmal den denkwürdigen Spruch: „Die Selbstunterschätzung der Frau ist viel hinderlicher als die Diskriminierung durch Männer."

Lernen Sie, Ihre eigene Leistung, Erfahrung und Kompetenz realistisch einzuschätzen.

Wenn frau bereits als Mädchen mit diskriminierenden Sprüchen wie „Sei immer schön bescheiden!" indoktriniert wurde und deshalb seit zwei, drei oder vier Jahrzehnten in chronischer Unterschätzung lebt, ist dieses Umlernen kein Pappenstiel. Aber es ist nötig und machbar. Und: Keine Angst vor Überschätzung! Wenn Frauen glauben, sich zu überschätzen, schätzen sie sich meist eher korrekt ein.

Checkliste: Schätzen Sie sich richtig ein

- ❑ Wenn Sie sich dabei ertappen, dass Sie sich eine Aufgabe erst einmal nicht zutrauen, schalten Sie Ihren gesunden Menschenverstand wieder ein und fragen Sie sich: Stimmt das wirklich?
- ❑ Schalten Sie um von emotional auf rational und fragen Sie sich: Welche Referenzerfahrungen, Fähigkeiten und Kompetenzen habe ich, um diese Aufgabe zu meistern?
- ❑ Fragen Sie sich weiter: Welche ähnlichen Aufgaben und Projekte habe ich schon gemeistert?
- ❑ Fragen Sie sich vor allem: Was hat der Kollege, der sich das zutraut, mir voraus?

Sie können mehr, als Sie sich zutrauen!

- ❑ Schätzen Sie den Grad Ihrer gefühlten Überforderung in Prozent ein: Um wie viel Prozent fühlen Sie sich überfordert?
- ❑ Bei einer gefühlten Überforderung von bis zu 30 Prozent können Sie die Aufgabe ruhig annehmen: Das ist nämlich ungefähr die Marge, um die sich Frauen chronisch selbst unterschätzen.

Männer misstrauen Frauen

Wenn eine Frau lieb und nett und harmlos ist, wird sie am Arbeitsplatz gerne geduldet. Aber wehe, sie ist leistungsstark, selbstbewusst, zielstrebig – und verdient gut. Dann bricht ein archaisches Misstrauen bei Männern aus. Sofort vermuten sie, dass die Frau ihnen ihre Pfründe, ihren Einfluss, ja vielleicht sogar den Job streitig machen möchte.

z.B

Elvira leitet eines von fünf Entwicklerteams eines Software-Unternehmens. Wann immer ihre Kollegen Vorschläge zur Schnittstellen-Optimierung vorbringen, werden diese kurz diskutiert und dann abgenickt. „Jedes Mal, wenn dagegen ich einen Vorschlag mache“, berichtet Elvira, „werde ich von allen Seiten mit Einwänden bombardiert. Warum nur ich?“

Weil Elvira eine Frau ist. Wenn ein Mann einen Vorschlag macht, redet er als Gleicher unter Gleichen. Macht eine Frau einen Vorschlag, denkt das limbische System im Mann: „Sie ist eine Frau – sie gehört nicht zu uns. Was hat sie vor? Was führt sie im Schilde? Wie will sie uns jetzt wieder dreinreden?"

!

Männer begegnen Frauen (nicht nur am Arbeitsplatz) mit Misstrauen.

Jede Frau, die Auto fährt, kennt dieses Misstrauen. Bringt ein Mann seine Karre in die Werkstatt und klagt über einen Defekt, sagt der Monteur etwas wie: „Das schauen wir uns mal an." Bringt eine Frau ihren Wagen mit derselben Beschwerde vorbei, wird sie häufig hören: „Was haben Sie denn mit dem Wagen gemacht?" Die Logik dahinter: Hat ein Fahrer einen Defekt am Wagen, ist die Technik schuld. Ist es eine Fahrerin, kann es ja nur Schuld der Frau sein.
Es ist Männern auch völlig klar, dass Frauen die schlechteren Autofahrer sind. Stichwort Einparken. Dabei kann jeder Versicherungsmathematiker bestätigen, dass Frauen bei weitem besser und weniger unfallträchtig Auto fahren. Deshalb gibt es ja auch spezielle Kfz-Versicherungen für Frauen – und da zahlen Frauen weniger Prämie, nicht mehr!

Männer verstehen Frauen nicht

Um es in aller Klarheit zu sagen: Männer verstehen Frauen nicht, weshalb sie sich vor ihnen fürchten und ihnen mit Misstrauen begegnen. Dass immer mehr Frauen sogar Beruf und Kinder miteinander vereinbaren, trägt zur ernsthaften Sorge unter arbeitenden Männern bei. Oder wie eine Personalreferentin eines Instrumentenbauers schmunzelnd sagt: „Stellen Sie sich vor, die Kinderbetreuung würde wesentlich besser – die Männer würden Panik bekommen!" Kann es sein, dass deshalb die Kinderbetreuung hierzulande seit Jahren nicht wirklich besser wird?

Checkliste: Misstrauische Männer managen

- ❑ Freuen Sie sich, wenn Männer Ihnen wohlgesinnt sind – aber erwarten Sie es nicht.
- ❑ Erschrecken Sie nicht, wenn Sie deutliches Misstrauen von Seiten einzelner/mehrerer/aller Männer verspüren.
- ❑ Lassen Sie sich nicht davon überraschen, rechnen Sie damit. Es ist eine natürliche Reaktion auf starke Frauen im Beruf (und anderswo).

Verstehen Sie die Männer?

- ❑ Hüten Sie sich vor voreiligen Schlüssen: Misstrauische Männer wollen Sie nicht abschießen, behindern oder diskriminieren. Sie sind oft lediglich verunsichert und verängstigt. Daher auch die Redewendung: das schwache Geschlecht.
- ❑ Wenn Sie verstehen, warum Männer so reagieren, entspannt sich die Situation: Die Männer fürchten sich vor Ihnen.
- ❑ Schütteln Sie nicht den Kopf darüber, welche primitiven Befürchtungen Männer hegen oder dass einige „wohl nie erwachsen werden".
- ❑ Zugegeben, es ist ernüchternd, dass Männer in Bezug auf ihre Ängste so rückständig sind – doch diese Ernüchterung hilft Ihnen nicht weiter.
- ❑ Warten Sie nicht darauf, dass sich das Misstrauen der Männer von alleine legt, weil es offensichtlich unbegründet ist. Das tut es in aller Regel nämlich nicht.
- ❑ Gehen Sie das Misstrauen offensiv an, indem Sie von sich aus die Ängste der Männer zerstreuen. Wie? Indem Sie Ihre Absichten erklären: „Liebe Kollegen, ich möchte hier niemandem den Arbeitsplatz streitig machen/in seine Angelegenheiten reinreden. Das fände ich äußerst unkollegial. Ich möchte lediglich unser Projekt (Aufgabe, Sache) voranbringen. Ich denke, das ist in unser aller Interesse."
- ❑ Wenn Ihnen – was relativ häufig passieren wird – nicht so ganz klar ist, was im Kopf der Männer vorgeht, was konkret sie eigentlich misstrauisch macht, fragen Sie offen nach: „Was befürchten Sie? Was ist unklar?"

- ❑ Gehen Sie dabei behutsam, vorwurfsfrei und fragend vor. Männer sind ja so empfindlich und unreflektiert, wenn es um ihre Ängste geht. Da muss frau ihnen jedes einzelne Wort aus der Nase ziehen.
- ❑ Fassen Sie dieses Misstrauens-Männer-Management als tägliche Aufgabe im Sinne einer ständigen Kommunikation zwischen den Geschlechtern auf. Das heißt: Erklären Sie sich schon im Voraus vorbeugend. Warten Sie nicht, bis Sie mit dem Misstrauen der Männer konfrontiert werden.

Warum können Männer ihr überkommenes Misstrauen nicht einfach ablegen? Warum müssen wir uns überhaupt damit beschäftigen? Wir haben doch schließlich Besseres zu tun! Stimmt. Doch dieses Bessere können wir nicht optimal, ungestört und effizient tun, solange uns Männer mit ihrem Misstrauen dabei behindern. Erst die Hindernisse aus dem Weg räumen, dann das Bessere anpacken.

Schlammschlachten schlagen: Fighten statt Flennen

Es kann Ihnen nicht nur in der Autowerkstatt passieren, dass Sie als Frau erst mal den Schwarzen Peter abbekommen: „Was haben Sie denn mit dem Wagen angestellt?“ Das Problem ist universell: Geht was kaputt oder schief, ist erst mal die Frau schuld.

Antonia informiert im Meeting ihren Chef, dass ein bestimmtes Vorhaben länger dauert als geplant. Der Chef darauf ungehalten: „Dann kommen Sie mal in die Puschen!“ Wenig später meldet ein Kollege eine ähnliche Verzögerung bei einer seiner Aufgaben.

Der Chef meint: „Mauert die Arbeitssteuerung oder läuft die Technik nicht?" In den Augen des Chefs ist Sachlage klar: An Antonias Verspätung ist Antonia schuld, an der des Kollegen eine Nachbarabteilung. „Das macht er ständig", klagt Antonia im Coaching. „Das finde ich so ungerecht. Ich bin jedes Mal so wütend, dass ich mit den Tränen kämpfen muss. Er behandelt mich wie einen Menschen zweiter Klasse."

Männer halten Frauen gerne Fehler vor, die Frauen überhaupt nicht begangen haben.
Das praktizieren sie manchmal indirekt, wie Antonias Chef, und manchmal ganz offen, brutal und direkt:

- „Was haben Sie jetzt schon wieder angestellt? Typisch Frau, keine Ahnung von der Technik!"
- „Ich habe noch keine Frau gesehen, die was davon verstanden hätte."
- „Frau und Technik – zwei Welten prallen aufeinander."

Solche Macho-Sprüche sind zunächst einmal verletzend. Sie sind jedoch auch, und das wird häufig übersehen, gehaltsschmälernd.

Selbst wenn Sie völlig schuldlos sind – von unberechtigten Vorwürfen bleibt immer etwas hängen. Es sei denn, Sie entkräften sie umgehend.

!

Eine Frau, die dafür bekannt ist, dass sie laufend Fehler macht – auch wenn alle Fehler frei erfunden sind – kann kaum mit einer außertariflichen Gehaltserhöhung rechnen.

Checkliste: Schlammschlachten schlagen

Schweigen ist Schrott, Reden ist Gold!

- ❑ Unberechtigte Vorwürfe dürfen Sie niemals auf sich beruhen lassen. Etwa nach dem Motto: „Er hat das nicht so gemeint" „Er beruhigt sich schon wieder" „Das glaubt er doch selber nicht!" „Das ist unter meiner Würde!"
- ❑ Stellen Sie den Sachverhalt unverzüglich richtig. Für die meisten Frauen liegt hier der springende Punkt: Sie stellen nicht sofort richtig, weil sie mit ihren Emotionen kämpfen. Wie Sie den Kampf gewinnen, betrachten wir im folgenden Abschnitt.
- ❑ Wenn der Vorwurf konkret ist („Nun kommen Sie mal in die Puschen!"), widerlegen Sie ihn konkret: „Mein Einsatz und mein Engagement sind hundertprozentig. Leider nützt das nicht viel, wenn ... " Das heißt: konkret auf den Vorwurf eingehen (Puschen = zu wenig Einsatz), ihn verneinen und dann den wahren Grund anführen. Zwei Sätze, nicht mehr.
- ❑ Viele Frauen scheuen eine Richtigstellung, wenn sie einen Kollegen belasten müssen. Sie nehmen die Schuld lieber auf sich. Das ist Selbstsabotage, weil der verschonte Kollege sich in neun von zehn Fällen nicht erkenntlich zeigt. Stellen Sie richtig, ohne den Kollegen in die Pfanne zu hauen: „Tut mir wirklich leid, aber diesen Schuh ziehe ich mir nicht an. Es waren noch andere Kollegen maßgeblich an der Sache beteiligt." Wenn ein schlecht geschulter Chef nachfragt: „Wer war's dann?", bleiben Sie integer: „Ich schwärze keine Kollegen an. Ich denke, es liegt vielmehr in unser aller Interesse, jetzt schnell eine Lösung zu finden."
- ❑ Wenn der Vorwurf abstrakt und pauschal ist („Frau und Technik!"), entkräften Sie ihn, indem Sie konkretisierend nachfragen: „Was meinen Sie konkret damit?" Meist reicht schon die Frage, um allen Beteiligten klar zu machen, dass hinter dem Vorwurf bloß heiße Luft steckt. Wird der Mann dagegen konkret, können Sie konkret über den Sachverhalt reden – damit wird das Gespräch wieder sachlich.
- ❑ Verlangen Sie für jeden Vorwurf aussagekräftige Beweise: „Wie kommen Sie darauf? Was genau stimmt daran nicht?

Wenn das so klar ist, warum sagen Sie das erst jetzt? War dieser Sachverhalt zum Zeitpunkt der Entscheidung schon bekannt?"

- Vermeiden Sie auf jeden Fall Rechtfertigungen: „Aber dafür kann ich doch nichts!" Das glaubt Ihnen keiner und macht Sie obendrein hilflos und klein. Kein Image, das Sie haben wollen. Und nebenbei keine gute Basis für Ihr nächstes Gehaltsgespräch.
- Lassen Sie sich zunächst nicht auf das Niveau des Schlammschlägers herab, indem Sie mit eigenen Vorwürfen kontern: „Sie können gerade reden!" Das wirkt unsouverän und artet nur in einen unnötigen Machtkampf aus. Versuchen Sie zunächst, den Vorwurf sachlich zu entkräften.
- Machen Sie den Angreifer auf logische Schwächen seines Vorwurfs aufmerksam: „Sie vergessen dabei ... " „Sie übersehen, dass ... " „Sie wissen genau, dass die Datenlage eine ganz andere ist."
- Erst wenn der Schlammschläger keinerlei Einsicht zeigt, dürfen Sie richtig zickig werden: „Das glauben Sie doch selber nicht!" „Machen Sie sich nicht lächerlich, die Sachlage sieht doch eindeutig anders aus!" „Ich weiß nicht, welches persönliche Interesse Sie mit diesem Exkurs in die Spekulation verfolgen. Ein sachliches Interesse kann ich nicht erkennen!" „Das ist eindeutig unter Ihrem Niveau!" „Ich weiß nicht, welche Laus Ihnen heute schon über die Leber gelaufen ist, aber lassen Sie Ihre persönlichen Unpässlichkeiten gefälligst an einem anderen aus!" „Ich weigere mich, eine intellektuelle Auseinandersetzung mit einem unbewaffneten Gegner zu führen!" „Ich könnte noch stundenlang Belanglosigkeiten mit Ihnen austauschen, aber dafür ist mir die Zeit zu schade!" „Ich weiß nicht, wie es Ihnen geht, aber ich habe mit meiner Zeit Wichtigeres zu tun."

Welche Zickensprüche haben Sie drauf?

- Und danach immer sofort anschließen: „Ich schlage vor, dass wir jetzt endlich in der Sache weiterarbeiten." Gibt der Quengler keine Ruhe, wiederholen Sie Ihre Zickenphrase und den Hinweis auf sachliches Weiterarbeiten so lange, bis bei ihm der Groschen fällt.

Mit den Tränen kämpfen

Die meisten Frauen würden gerne eloquent und selbstsicher auf unflätige Angriffe reagieren. Sie könnten das intellektuell auch ohne weiteres – wenn ihnen nicht die Emotionen dazwischenkommen würden. Vielen schnüren die Gefühle die Kehle zu oder treiben die Tränen in die Augen. Statt mit dem Angreifer kämpfen sie dann mit ihren Gefühlen. Ohne geeignete Instrumente können Sie diesen Kampf nicht gewinnen. Genauso wie frau ohne gutes Gartengerät auch kein blühendes Blumenbeet zaubern kann. Betrachten wir einige praxiserprobte Gartengeräte für den inneren Garten. Probieren Sie sie aus, suchen Sie sich das für Sie Passende oder kombinieren Sie:

- ❑ Erinnern Sie sich an die letzte Situation, in der Sie Ihre Gefühle an einer adäquaten Antwort hinderten. Was ging Ihnen dabei als Erstes unwillkürlich durch den Kopf? Oft ist es: „Das ist ja so gemein!“ Vergegenwärtigen Sie sich diese Situation noch einmal plastisch und ersetzen Sie diesen Gedanken bewusst durch einen rationalen Gedanken wie: „Das ist ja so durchsichtig!“ Oder: „Da liegt er sachlich einfach falsch und das werde ich ihm jetzt zeigen.“ Wenn Sie das oft genug mit vergangenen Situationen machen, machen Sie es bald auch in aktuellen Situationen.
- ❑ Atmen Sie zweimal richtig tief und langsam durch. Ziehen Sie die Schultern nach unten, hinten, innen. Bei vielen Frauen reguliert mit etwas Übung die Atmung die Emotionen schnell und wirksam.
- ❑ Lächeln Sie den Angreifer freundlich an – das entwaffnet sowohl ihn als auch Ihre widerstreitenden Gefühle.
- ❑ Stellen Sie sich den Angreifer in Unterhosen vor. Das funktioniert nicht immer, aber wenn es funktioniert, wirkt es umwerfend befreiend.
- ❑ Denken Sie sich etwas richtig Schmutziges, Anzügliches, Freches. Etwa: „So ein kleiner ..., aber so eine große Klappe“ „Ach ist er süß, der Bengel!“ „Gleich kriegt er ’nen Infarkt.“

!

Die meisten Menschen registrieren ihre Gefühle, leiden darunter oder freuen sich daran. Die wenigsten wissen, dass sie ihre Gefühle selbst beeinflussen können. Das Wissen um diese Steuerungsfähigkeit nennt man emotionale Intelligenz.

Warum Männer gleiches Gehalt fürchten

Ist Ihnen schon mal aufgefallen, dass Männer den Begriff der Gleichberechtigung so gut wie nie aussprechen? Und wenn, dann ironisch: „Na los, auch eine Frau darf sich mal die Finger schmutzig machen. Das ist schließlich Gleichberechtigung!" Oder: „Was heißt hier Ladys first? Jetzt bin ich dran – das ist Gleichberechtigung!"
Irgendwie einleuchtend, dass Männer nicht gerne positiv über Gleichberechtigung reden? Logisch, aber warum? Weil Männer von Haus aus hierarchisch denken.

!

Für einen Mann bedeutet Gleichberechtigung ungeliebte Konkurrenz.

Für Männer ist Gehalt nicht nur schnödes Geld, sondern auch Statussymbol, Prestigeträger, Ausdruck der eigenen Macht und Potenz. Wenn daher Frauen tatsächlich gleich viel verdienen, würde das in den Worten einer Psychologin „an der Potenz kratzen". Und das findet kein Mann gut. Aus diesem Grund pflegen Männer Schutzmythen wie den Mythos von der Frau als schlechter Autofahrerin, als hilfsbedürftigem, technisch und handwerklich unbegabtem Wesen. Sie wollen damit ihre angebliche Überlegenheit schützen.
Frau könnte nun sagen: „Na und? Was kümmert mich die Angst der Männer vor gleichberechtigten Frauen?" Genau da liegt der springende Punkt: Vielen Frauen ist es eben nicht egal, was Männer denken.

Viele Frauen haben Angst davor, vom Mann als gleichberechtigt betrachtet zu werden. Sie fürchten, in den Augen der Männer nicht mehr attraktiv zu sein. Sie haben Angst, keinen geeigneten Partner zu finden.

Diese Angst ist teilweise berechtigt. Viele Männer wollen tatsächlich keine gleichwertige Partnerin, sondern ein schwaches Frauchen. Doch es gibt jede Menge Männer, die auf starke Frauen stehen. Auf welche Art Männer stehen Sie? Und wenn wir gerade über Gewissensfragen reden: Was ist Ihnen letztendlich wichtiger? Von schwachen Männern gemocht zu werden oder das zu bekommen, was Sie im Beruf verdient haben? Die Gehaltsfrage ist auch eine Gewissensfrage.

Darf ich mehr verdienen als mein Partner?

Eigentlich ist es verrückt, dass das Gehalt einer Frau nicht allein von ihrer Leistung, sondern auch von „den Kerls“ abhängt. Eine ganze Reihe von Frauen bremst sich zum Beispiel bewusst oder unbewusst in ihrer Gehaltsentwicklung aus, weil sie auf keinen Fall (wesentlich) mehr verdienen möchten als ihre Beziehungspartner. Der Frau wäre es dabei regelmäßig egal, doch sie fürchtet – meist begründet –, dass es dem Partner nicht egal ist. Da diese Frage häufig unbewusst im Hinterkopf schwelt, hält sich die Frau dann unbewusst bei gehaltsförderlichen Projekten und in Gehaltsgesprächen zurück.

Machen Sie sich bewusst, was Sie unbewusst aufhält.

Fragen Sie sich: Was möchte ich langfristig? Diese Partnerschaft oder persönlich und im Beruf vorankommen? Die Frage hat eine befreiende Wirkung: Wenn ich mich langfristig in dieser Partnerschaft sehe, kann ich das Opfer im Beruf bringen. Wenn nicht,

werde ich es drauf ankommen lassen und im nächsten Gehaltsgespräch kräftig zulangen.
Eine dritte Möglichkeit wäre natürlich, mit dem Partner darüber zu reden – wenn der Partner von jener Art Mann ist, die vernünftig mit sich über solche Themen reden lässt. Eine vierte Möglichkeit ist, das eigene Gehalt dem Partner gleich ganz zu verschweigen. Wenn man getrennte Konten hat ...

„Wer Kinder hat, kann nicht so viel leisten!"

Hat ein Mann zu Hause zwei kleine Kinder, ist das gut fürs Unternehmen. Dann leistet er mehr, denn: „Er hat eine Familie zu ernähren!" Hat eine Frau dagegen – möglicherweise dieselben – Kinder zu Hause, denken Chef und Kollegen häufig: „Die kann doch gar nicht so viel leisten wie die Kollegen, die hat ja noch zwei kleine Kinder zu versorgen!"
Es ist absurd, doch auch solche Vorurteile erklären, warum viele Chefs ganz unbewusst Frauen gehaltsmäßig niedriger einstufen als Männer. Als Begründung wird gerne angeführt, dass Frauen häufiger bei der Arbeit fehlen, wenn die Kinder krank sind oder schon „am frühen Nachmittag" vom Kindergarten abgeholt werden müssen. Dass Frauen in der verbleibenden Zeit viel mehr leisten als viele Kollegen, wird bei dieser schlagseitigen Argumentation vergessen. Das widerspricht jeder ökonomischen Logik: Es kommt nicht darauf an, wie viel Stunden man am Arbeitsplatz absitzt, sondern „was unterm Strich dabei herauskommt", wie Manager gerne zu sagen pflegen. Doch wenn es um Frauen geht, setzen Manager und andere Männer die ökonomische Logik auch mal außer Kraft. Wir erkennen daran: Es geht nicht darum, wie viel Frauen tatsächlich leisten, sondern dass man(n) sie problemlos unterbezahlen kann.

Kinder als Gehaltsrisiko

Wenn Sie den Verdacht haben, dass Ihre Kinder bei Gehalts- und Entwicklungsgesprächen gegen Sie verwendet werden, sprechen Sie das doch mal an.
Möglichst vorwurfsfrei, also fragend: „Kann es sein, dass Sie mir nicht so viel zutrauen wie den Kollegen, weil ich ein kleines Kind zu Hause habe?“ An der Mimik Ihres Gegenübers erkennen Sie recht schnell, ob Sie richtig liegen. Die Körpersprache eines Menschen lügt nicht. Sehen Sie Ihren Verdacht bestätigt, dann gehen Sie zur üblichen Gehaltsargumentation über: Zeigen Sie, was Sie in Ihrer Zeit tatsächlich leisten. Ihre Leistung wird für sich und für Sie sprechen.

Ganz fiese Methoden

In manchen Branchen und Unternehmen ist unter dem Druck der wirtschaftlichen Stagnation und des verschärften Wettbewerbs das Kostensparen völlig aus dem Ruder gelaufen. Es tröstet nicht wirklich, dass sich viele Unternehmen dabei kaputt sparen. Denn das ist eine eher mittelbare Wirkung. Die unmittelbare Wirkung ist, dass darunter erst einmal die Mitarbeiter zu leiden haben. Als wäre das nicht schlimm genug, ist in den letzten Monaten eine neue Art der Diskriminierung aufgetaucht.

Frauen werden eher, schneller und stärker Opfer der Sparwelle.

Da Frauen in den Augen vieler Vorgesetzter offensichtlich das schwächste Glied in der Kette sind, haben etliche Geschäftsleitungen ihre Abteilungsleiter angewiesen, Mitarbeiterinnen verstärkt und offensiv Teilzeitjobs anzubieten.

z.B

Marlen wird zu ihrem Vorgesetzten gebeten. Er redet von abnehmenden Auftragseingängen und einer nötigen Restrukturierung. Dabei streicht er immer wieder heraus, welche Vorteile die Teilzeitarbeit „gerade für Sie als Frau" hat. Er bittet sie, sich das Angebot „in Ruhe" zu überlegen und ihm „bis morgen" Bescheid zu geben. Marlen ist verwirrt: Was läuft hier ab?

Für viele Frauen lautet in der derzeitigen wirtschaftlichen Lage die Gehaltsfrage nicht: Wie bekomme ich mehr? Sondern: Wie verhindere ich, dass ich weniger bekomme?
Ein Jungmanager in Marlens Abteilung nennt das Kind beim Namen: „Bei uns werden Frauen gezielt zu Halbtagsjobs genötigt." Unbestätigten Gerüchten nach soll das ein Mitglied der Geschäftsführung scherzhaft bereits als „Hexenjagd" bezeichnet haben. Es zeichnet den Jungmanager aus, dass er das trotz seiner jungen Jahre „nicht in Ordnung" findet. Er meint: „Da macht die Arbeit doch keinen Spaß, wenn du deine Mitarbeiter quasi per Anweisung von oben übern Tisch ziehen sollst."
So verdienstvoll diese Einstellung ist, so schön es auch ist, dass es unter den Männern Ausnahmen gibt, nützt das den Frauen was? Nein. Denn noch kein Mann hat sich *offen* gegen die bevorzugte, Kündigung von Frauen ausgesprochen. Das ist typisch. Solidarität endet eben oft an der Geschlechtergrenze.

Wer sich nicht wehrt, lebt verkehrt

Marlen ist verunsichert. Was soll sie tun? Sie hört sich zunächst einmal bei den Kolleginnen um und ist entsetzt: Einige haben sich nolens volens bereits auf das Teilzeitangebot eingelassen.

!

Männer rasten selbst bei der kleinsten Bedrohung gerne aus, Frauen geben selbst bei massiven Bedrohungen erst einmal reflexhaft nach – um des lieben Frieden willens.

Frau möchte nicht streiten, sich nicht mit dem Vorgesetzten anlegen. Vor allem dann, wenn es doch der Firma nützt, wenn sie Teilzeit arbeitet ... Pikanterweise erklärt dieses nachgiebige Verhalten auch, warum Vorgesetzte es zuerst bei Frauen probieren: Die lassen es ja mit sich machen!

„Es gehören immer zwei dazu. Einer, der es macht, und einer, der es mit sich machen lässt." Bürospruch

Checkliste: Lassen Sie nicht alles mit sich machen!

Vielleicht das Nützlichste, was Sie lernen können: Verhandeln

- ❑ Wenn ein Vorgesetzter oder Personalmitarbeiter Ihnen etwas vorschlägt oder „dringend" anrät, was Ihnen verdächtig vorkommt: Sagen Sie auf gar keinen Fall noch im Gespräch zu! Tun Sie das, werden Sie Opfer der Überrumpelungs-Taktik.
- ❑ Sagen Sie auch nicht ab. Halten Sie sich alle Türen offen. Das ist für den Anfang die beste Verhandlungsbasis.
- ❑ Fragen Sie so lange nach den Gründen des Angebots, bis Sie sich konkret etwas darunter vorstellen können. Denken Sie auf keinen Fall: „Das verstehe ich jetzt nicht – aber mein Boss wird schon wissen, was er tut." Die Begründungen für die derzeit kursierenden Angebote sind nämlich oft so schwach, dass sich danach jedes weitere Wort erübrigt.
- ❑ Seien Sie nicht enttäuscht von Ihrem Vorgesetzten, mit dem Sie sonst eigentlich ganz gut auskommen, dass er Ihnen jetzt hintenrum in den Rücken fällt. Männer denken unter Stress nicht beziehungs-, sondern sachorientiert: Beim Geld hören Freundschaft und Anstand auf. Deshalb versichern Männer

auch oft: „Das ist nicht persönlich gemeint!" Sie können es sich nicht vorstellen, dass frau es persönlich nehmen *muss*, wenn man(n) ihre finanzielle Existenzgrundlage bedroht.

- ❑ Informieren Sie sich bei Kolleginnen und Kollegen, ob der Chef es noch mit anderen probiert hat. Tauschen Sie Informationen aus. Mehr Köpfe haben mehr Ideen. Fragen Sie konkret: „Wie geht ihr damit um?"
- ❑ Falls vorhanden, fragen Sie Ihre Mentorin oder zumindest eine erfahrenere Kollegin.
- ❑ Informieren Sie sich bei Ihrem zuständigen Personalreferenten oder der zuständigen Personalreferentin. Diese sind oft erfreulich neutral und auf gut deutsch anständig. Marlens Personaler zum Beispiel gibt ihr durch die Blume zu verstehen: „Natürlich hat die Geschäftsleitung das Recht, Ihnen jederzeit einen Teilzeitvertrag anzubieten. Um das Angebot rechtsgültig zu machen, müssten Sie dafür eine Änderungskündigung unterschreiben. Es fragt sich nur, ob Sie das tun wollen – immerhin haben Sie derzeit ja einen Vollzeitvertrag! Solange der nicht gekündigt wird, ist er auch gültig."
- ❑ Informieren Sie sich beim Betriebsrat oder Ihrem Mitarbeitervertreter.
- ❑ Wenn Sie nicht weiterkommen, fragen Sie einen guten Anwalt für Arbeitsrecht.
- ❑ Überprüfen Sie Ihre eigene Zukunftsperspektive: Was wollen Sie wirklich? Im Beruf vorankommen? Oder wäre ein Teilzeitjob vielleicht gar nicht so übel? Malen Sie sich für beide Optionen Ihre Zukunft aus. In den meisten Fällen wird Ihr Bauch eine klare Wahl treffen.
- ❑ Kultivieren Sie diese Bauchentscheidung mit einigen rationalen, flankierenden Überlegungen. Das macht Sie entscheidungssicher.

Bauch + Kopf = gute Entscheidung

- ❑ Lassen Sie sich auf keinen Fall bloß deshalb auf das Angebot ein, weil Sie sich nicht mit dem mächtigen Chef anlegen wollen oder unsicher sind.
- ❑ Zeigen Sie Mut zur eigenen Stärke und zu den eigenen Wünschen.

- ❏ Wenn Sie sich gegen das Angebot entscheiden, sagen Sie qualifiziert ab.

Qualifiziert absagen

Hauen Sie dem Vorgesetzten sein unlauteres Angebot nicht um die Ohren: „Ich lasse mich doch nicht für dumm verkaufen und aus einem Vollzeitjob drängen!" Natürlich treibt Sie die Empörung dazu, Ihrer Seele Luft zu machen. Doch Empörung ist im Business nicht immer ein guter Ratgeber. Sagen Sie lieber ganz sachlich ab, wie zum Beispiel Marlen: „Danke für Ihr Angebot (rhetorisch perfekt: Sie bedankt sich auch noch für das unqualifizierte Angebot!). Ich habe es mir gründlich überlegt (damit vermeidet sie den Anschein der Spontanentscheidung). Eine Teilzeitbeschäftigung wäre wirklich sehr attraktiv, wenn ich an die viele Freizeit denke (den Vorschlag des Partners würdigen, auch wenn es schwer fällt, die positive Seite zu sehen). Doch zum jetzigen Zeitpunkt setze ich meine Schwerpunkte klar im Beruf: Ich möchte eher mehr als weniger Verantwortung übernehmen." Und immer freundlich und souverän dabei lächeln!

Musterformulierung

Versucht der Chef danach, Sie trotzdem noch vom Gegenteil zu überzeugen, bleiben Sie stur freundlich und wiederholen Sie unbeirrt Ihre Argumente, bis der Groschen beim Gesprächspartner fällt. Männer brauchen manchmal etwas länger ...

Von Männern lernen

In Marlens Unternehmen werden übrigens nicht nur Frauen, sondern auch (übernommene) Azubis rausgeekelt. Man kann sich gut vorstellen, dass in den Augen einiger Manager beide als gleich schwach angesehen werden. Der Personalchef erzählt: „Wir haben eine halbe Stunde mit Engelszungen auf den

Schmitz eingeredet, dass wir eigentlich keine Arbeit mehr für ihn haben. Wir haben ihn gelockt, ihm gedroht. Der Junge blieb völlig unbeeindruckt. Er sagte eine halbe Stunde lang kein einziges Wort. Am Ende meinte er nur: ‚Ich weiß nicht, warum Sie sich so verausgaben. Ich habe einen unbefristeten Arbeitsvertrag. Ich habe vor, diesen wie vereinbart zu erfüllen. Wenn Sie mich loswerden wollen, müssen Sie mir schon kündigen.‘ Er weiß genau, dass wir ihm weder leistungsmäßig noch betriebsbedingt kündigen können.“
Und wissen Sie, was der Personalchef dazu sagte? „Respekt, der Junge lässt es nicht mit sich machen.“

Männer sind viel kaltschnäuziger als Frauen, wenn es im Beruf darum geht, zu ihrer Meinung zu stehen, ihre Interessen zu schützen.

!

Davon können wir uns ruhig eine Scheibe abschneiden.

Wenn es ganz übel kommt

Frauen fürchten, dass der Chef es sie büßen lässt, wenn sie sein Angebot ausschlagen. Diese Furcht ist begründet. Ein Abteilungsleiter gestand mir mal: „Wenn die nicht spurt, dann kriegt sie eben keine Aufgaben mehr. Irgendwann merkt sie auch, dass wir sie loshaben wollen.“ Hässlich, nicht? Aber so ist Business manchmal – glücklicherweise nicht immer. Trotzdem gilt: Allein wegen der Furcht vor negativen Konsequenzen auf ein schlechtes Angebot vom Chef einzugehen verbietet sich von vornherein. Denn in vielen Fällen akzeptiert der Chef Ihre Absage, weil er keine andere Wahl hat.
Er wollte es ja nur mal probieren. Mit Frauen kann man(n) es ja machen. Lässt es eine Frau nicht mit sich machen, lassen Vorgesetzte oft ab – oder suchen sich eine willigere Kandidatin. Selbst wenn der Chef Sie danach mobbt, können Sie immer noch

über sein ursprüngliches Angebot neu verhandeln. Oder sich eine fette Abfindung auszahlen lassen und zu einem anderen Arbeitgeber wechseln, den Sie sich in der Zwischenzeit ausgeguckt haben.

Mut lernen

Mut ist keine Charakterfrage, sondern erlernbar

Die ganze Thematik finden Sie äußerst unerquicklich? Schon allein das Lesen belastet Sie emotional? Welches mitfühlende Wesen würde dabei schon kalt bleiben! Natürlich ist es unter aller Menschenwürde, wenn frau ihre Abteilung praktisch am Leben erhält und dann als Erste rausgedrängt werden soll, wenn es eng wird. Die finanzielle Seite des Teilzeitangebots ist dabei oft noch nicht einmal das Schmerzlichste. Viel stärker schmerzt die Herabwürdigung der eigenen Leistung, die daraus spricht: „Du trägst so wenig zur Wertschöpfung bei, dass wir auf die Hälfte deines Inputs glatt verzichten können!“ Doch es hilft alles nichts:

> Wenn Frauen ständig nur gute Miene zum bösen Spiel machen, haben sie bald gar nichts mehr zu lachen.

So geht es doch jetzt schon seit Jahrhunderten, nicht wahr? Irgendwann muss Schluss sein. Wann ist bei Ihnen Schluss? Wann ist Ihre Toleranzgrenze erreicht? Wann lassen Sie es nicht länger mit sich machen?

Dem Chef ein Kind gebären

Dass man(n) Frauen dazu nötigt, in Teilzeitbeschäftigungsverhältnisse zu flüchten, ist schon schlimm genug. Doch es geht noch schlimmer.

z.B

Katharinas Chef lädt sie zum Gespräch und schlägt ihr unvermittelt vor: „Frau Müller, wäre jetzt nicht ein idealer Zeitpunkt, um ein Kind zu bekommen, eine Familie zu gründen? Wenn Sie jetzt in Mutterschutz gehen, habe ich danach auch einen Teilzeitjob für Sie." Katharina erzählte später im Coaching: „Ich war sprachlos. Nur weil der Betrieb Kosten sparen möchte, soll ich schwanger werden? Was bildet sich der Kerl eigentlich ein? Ich meine, ich lasse mich von meinem Mann nicht zu Kindern zwingen, aber von meinem Chef? Da hört sich doch alles auf!"

Die Empörung ist verständlich. Was nicht heißen soll, dass Sie das Angebot rundheraus ablehnen sollten. Wenn Sie schon länger mit dem Gedanken an Kinder schwanger gehen, ist jetzt möglicherweise der Zeitpunkt dafür günstig. Denn wenn der Vorgesetzte sich schon eine derartige und illegale Unverschämtheit leistet, dann soll ihn das auch was kosten. Handeln Sie ihn hoch. Das sind die Forderungen, die sich anbieten:

- ❏ Rückkehr zu Vollzeit-, statt zu Teilzeitbedingungen.
- ❏ Wenn schon Teilzeit, dann aber vergoldet, sprich überdurchschnittlich bezahlt.
- ❏ Oder nach Ihren Wünschen flexibilisiert, zum Beispiel: drei volle Tage, zwei Wochentage frei.
- ❏ Finanzieller Zuschuss zur Kinderbetreuung.
- ❏ Oder aber: Vollausstieg mit fetter Abfindung.

Was fällt Ihnen noch ein? Basteln Sie eine Wunschliste. Kein Wunsch ist so abgehoben, um nicht zumindest als Vorschlag und Verhandlungsmasse eingebracht werden zu können.

Nur Mut

In diesem Kapitel haben wir mit Schaudern betrachtet, was schlimmstenfalls gehaltsmäßig auf Sie zukommen könnte. Eben weil diese unschönen Dinge derzeit so vielen Frauen zustoßen. Einmal ganz davon abgesehen, wie Sie auf solche prekären Situationen reagieren:

> Geteiltes Leid ist halbes Leid. Suchen Sie sich auf jeden Fall einen vertrauenswürdigen und kompetenten Gesprächspartner.

Wählen Sie Ihre Gesprächspartner weise!

Das erleichtert und stärkt ungemein. Das Dümmste in so einer Situation ist, sich verängstigt in sein Schneckenhaus zurückzuziehen. Tauschen Sie sich lieber aus. Nicht immer ist die beste Freundin dafür geeignet, weil sie möglicherweise noch nie in einer vergleichbaren Situation war und nicht viel dazu sagen kann. Auch der eigene Partner ist oft nicht geeignet, weil frau mit Beziehungspartnern nicht immer vernünftig über solche Randthemen wie Kinder, Beziehung, Gefühle, Geld, Chefs, Ärger bei der Arbeit, Familie – also kurz: das Leben an sich – reden kann.

Suchen Sie sich eine Gesprächspartnerin, der Sie vertrauen und die auch entsprechende Erfahrung mitbringt. Das kann auch eine Professionelle sein: eben ein Coach. Leider wissen die meisten Frauen noch nicht einmal, dass es diese Möglichkeit gibt. Eine vermeidbare Wissenslücke.

Ist akut wirklich niemand verfügbar, hilft die Vielquellen-Theorie weiter: Reden Sie mit vielen Menschen über das akute Thema. Ab vier bis fünf Gesprächspartnern sehen Sie dann plötzlich sehr viel klarer als zuvor.

Per aspera ad astra

Der Weg zu den Sternen führt über holprige Straßen, erkannte schon Seneca, der römische Dichter. Ich möchte keiner Frau wünschen, dass ihr passiert, was in diesem Kapitel beschrieben wurde. Doch wenn es Ihnen passiert, haben Sie einen Trost und einen sehr wertvollen Lohn.

> Wenn Sie bedrohliche Situationen nicht einfach mit sich geschehen lassen, sondern aktiv bewältigen – egal, wie es ausgeht: Sie werden gestärkt daraus hervorgehen.

Sie werden an Erfahrung, innerer Stärke, Artikulationsfähigkeit und Know-how in Krisenmanagement gewonnen haben. Das Schicksal ist hier seltsam gerecht: Wer in Opferhaltung durchs Leben geht, scheint irgendwie immer den Kürzeren zu ziehen – egal, wie es ausgeht. Wer dagegen gut auf sich aufpasst, gut für sich selbst sorgt, sich auch mal wehrt, wird zumindest mit einem Gewinn belohnt: mit einem erstarkten Selbstwertgefühl und der Erkenntnis: Ich kann mich ganz gut behaupten im Business!
Ganz davon abgesehen, dass Sie auch rein objektiv betrachtet mehr für sich herausschlagen werden, wenn Sie nicht klein beigeben, sondern verhandeln.

8 Gehaltsverhandlung extrem: Teilzeit-Jobs

Hinter jedem erfolgreichen Mann
steht eine Frau, die ihn unterstützt.
Hinter jeder erfolgreichen Frau
stehen drei Männer, die sie zurückhalten wollen.
Bürospruch

Teilzeit ist eine schwere Zeit

80 Prozent aller Teilzeit-Jobs in Deutschland werden von Frauen gemacht. Hätten Sie gedacht, dass die Zahl so hoch ist? Wahrscheinlich ja. Wer kennt schon einen Mann innerhalb der Verwandtschaft oder Bekanntschaft, der Teilzeit arbeitet? Für Männer ist es scheinbar ehrenrührig, Teilzeit zu arbeiten. Ein richtiger Mann macht das nicht. Wozu auch? Er hat vielleicht eine Familie, aber um die kümmert sich ja seine Frau (die Teilzeit arbeitet).

Was ein richtiger Kerl ist, der arbeitet nicht Teilzeit

Scherz beiseite: Teilzeit ist für Frauen, deren Leben sich in genialem Widerspruch zum männlichen Weltbild nicht bloß um die Arbeit dreht, eine herrliche Erfindung. Manche Familienpolitikerin vertritt sie sogar als die Ideallösung für das lästige alte Problem der Vereinbarkeit von Familie und Beruf. Was mich bei solchen Lobeshymnen auf die Teilzeit wundert, ist die schiere Unkenntnis vieler Politikerinnen: Von denen hat wohl noch

keine als Teilzeitkraft eine Gehaltsverhandlung führen müssen. Woher auch? Sie beziehen ja ihre Diäten. Würden sie das nicht, hätten sie sicher schon mal mitbekommen, dass es drei monumentale, riesengroße und scheinbar unlösbare Probleme auf der Welt gibt: allen Menschen genug zu essen zu geben, den Weltfrieden endlich herzustellen – und mit Chefs über Gehaltsanpassungen bei Teilzeit-Jobs zu reden.
Gehaltsverhandlungen bei Teilzeit-Jobs sind besonders hart und schwer – aber nicht unmöglich oder aussichtslos.

Falls Sie schon bemerkt haben, dass Sie als Teilzeitkraft mit Gehaltsforderungen beim Chef bedauerlicherweise auf Granit beißen, lassen Sie sich auf keinen Fall entmutigen: Hilfe ist unterwegs!
Falls Sie Vollzeit arbeiten: Lesen Sie trotzdem weiter. Viele der folgenden Tipps gelten selbstverständlich auch für Vollzeitverhältnisse.

„Verdient Ihr Mann etwa nichts?"

Auch Problemchefs muss frau führen können

Gehaltsverhandlungen für Teilzeit-Jobs sind deshalb so besonders und so besonders hart, weil frau hier Frechheiten zu hören bekommt, die sie nirgendwo sonst zu hören kriegt. Wäre das Ganze nicht so verletzend und unwürdig, es wäre richtig komisch. Wohlgemerkt: Nicht alle Chefs argumentieren dabei unter der Gürtellinie. Es gibt jede Menge Chefs, für die der Begriff Führungsethik noch eine Bedeutung hat. Über diese reden wir hier nicht, weil sie keine Probleme machen. Hier reden wir über die Problemfälle im Management. Da kennen Sie auch welche? Wer kennt die nicht!
Es beginnt damit, dass einige Chefs noch nicht einmal über das zur Debatte stehende Gehalt oder über die Leistung ihrer Teilzeitkraft reden wollen. Sie blocken a priori und rundheraus

ab, indem sie ausgerechnet das Gehalt des Mannes (falls vorhanden) der Teilzeitkraft ins Felde führen:

- „Wieso wollen Sie mehr Geld? Sie haben doch einen gut verdienenden Mann!“
- „Sie leben doch eigentlich vom Gehalt Ihres Mannes. Was Sie dazuverdienen, ist sowieso bloß für den Luxus!“
- „Sie verdienen doch ohnehin nur dazu!“
- „Was wollen Sie denn! Verdient Ihr Mann etwa nichts?“

Eine Frechheit, nicht? Was für ein überholtes Menschenbild dahinter steckt!

„Sprache ist Gesinnung.“ Kurt Tucholsky

Die Frau wird lediglich als Anhängsel ihres Mannes betrachtet, dem man(n) gnadenhalber gestattet, sich in der Männerdomäne Arbeitswelt ein Taschengeld dazuzuverdienen. Da könnte frau sich trefflich drüber aufregen. Tun wir das – und dann machen wir uns Gedanken darüber, wie frau dieses Hindernis möglichst schnell aus dem Weg schafft, wenn es ihr in die Quere kommt.

Bringen Sie das Gespräch aufs Thema zurück

„Verdient Ihr Mann etwa nicht genug?“ Wenn Ihnen der Chef so kommt, machen Sie sich die Frage bewusst, die dabei unwillkürlich in Ihrem Hinterkopf auftaucht: Was hat das Gehalt des Mannes mit der Leistung der Frau zu tun? Wenn Sie das Gespräch genau zu dieser Frage zurückbringen, fällt die Scheinrhetorik des Chefs in sich zusammen. Bevor Sie diesen rationalen Schritt tun können, sollten Sie gegebenenfalls Ihre Emotionen wieder auf den Boden zurückholen.

Wechseln Sie die Perspektive. Sehen Sie den Killereinwand des Chefs nicht als persönliche Beleidigung und unverzeihliche Ungerechtigkeit, sondern als geschickten rhetorischen Schachzug, als Einladung zum sportlichen Disput.

Wenn ein Mann Ihnen eine Unverschämtheit an den Kopf wirft, will er – so verrückt das klingt – nicht in erster Linie verletzen, sondern sich mit Ihnen messen. Er lädt Sie sozusagen zum sportlichen Wettstreit ein. Nach dem Motto: „Ich werfe dir jetzt mal einen dicken Brocken hin. Mal sehen, wie du damit zurechtkommst. Bin schon gespannt auf deinen nächsten Zug."
Vielleicht sind deshalb 97 von 100 Schachspielern männlich: Männer lieben kompetitive Spiele. Das heißt:

!

Wenn Sie sich überwinden können, sich zum Mann ans Schachbrett zu setzen, kommt zum einen ein Spiel zustande. Zum anderen können Sie dabei auch gewinnen. Und zum dritten macht es nach der ersten Eingewöhnung auch jede Menge Spaß.

Viele Frauen spielen gerne Schach – und sind ausgesprochen gut darin. Wollen wir uns mal probehalber ans Brett setzen? Was nehmen Sie? Die weißen?

Spielen Sie mit: Katalog der Konterzüge

Wenn ein Chef das Gehalt Ihres Mannes als Killerargument vorbringt, können Sie unterschiedlich kontern. Nehmen Sie die folgenden Musterformulierungen wie immer nicht als Kopiervorlage zum unbedachten Nachplappern, sondern als Anregung, die Vorschläge so anzupassen, dass sie (zu) Ihnen passen. Das ist wie beim Klamotten-Shopping: Gekauft wird nur, was zu Ihnen passt.

Wenn Sie sich eine Musterformulierung noch nicht zutrauen, können Sie die Musterformulierung verändern – Sie können aber auch sich selbst verändern. Fragen Sie sich: Was fehlt mir noch, um so etwas zu sagen? Meist ist es ein ausreichendes Selbstwertgefühl. Arbeiten Sie daran. Oft ist es lediglich die Übung: Ein Satz kommt umso fließender über die Lippen, je öfter Sie ihn (vor dem Spiegel) ausprobiert und modifiziert haben. Wie Shakespeare sagte: „Die Welt ist eine Bühne." Proben bringt weiter.

Musterformulierungen

- ❑ „Lassen wir das Gehalt meines Mannes mal beiseite. Es geht hier nicht um meinen Mann. Es geht um *meine* Leistung. Und wenn ich wesentlich mehr leiste als noch vor drei Monaten, erwarte ich eine Gehaltsanpassung. Das ist nur verdient und fair."
- ❑ „Ich finde das empörend. Würden Sie es wagen, das auch einen Mann zu fragen?"
- ❑ „Einen Mann würden Sie nie nach dem Gehalt seiner Frau fragen. Ist Ihnen bewusst, dass Sie drauf und dran sind, sich des Tatbestands der sexuellen Diskriminierung schuldig zu machen?"
- ❑ „Oh, hübscher Einwand. Sie wissen aber, dass er gegen geltendes Diskriminierungsrecht verstößt, oder?"
- ❑ „Ich weiß nicht, wie das bei Ihnen ist. Aber vielleicht verdient Ihre Frau ja auch mehr als Sie – und trotzdem möchten auch Sie für Ihre Leistung angemessen und fair bezahlt werden!"
- ❑ „Entschuldigen Sie. Ich wusste nicht, dass die Zusatzleistungen, die ich in den letzten Monaten gebracht habe, Ihnen nichts wert sind. Wenn das so ist, können wir in Zukunft wohl darauf verzichten. Was meinen Sie?"
- ❑ „Wenn Sie Mehrleistungen erbringen, erwarten Sie doch auch, dass Sie mehr Geld dafür sehen. Warum sollte ausgerechnet ich darauf verzichten? Ich bin zwar eine Frau, aber nicht dämlich."

- ❑ „Lassen wir mal Gehalt und Leistung meines Mannes beiseite und reden wir über etwas, von dem wir beide mehr verstehen: von meiner Leistung und meinem Gehalt.“
- ❑ „Ich finde es nicht in Ordnung, dass ich auf eine Gegenleistung verzichten soll, die ich mir verdient habe, bloß weil ich eine Frau bin. Sie würden es doch auch nicht in Ordnung finden, wenn ein Mann das mit Ihrer Frau machen würde.“

Wie immer, wenn Männer unverschämt werden, so gilt auch hier: Schweigen ist Käse, Reden ist Gold. Auch wenn es anfänglich schwer fällt: Sie müssen sich gegen solche Ungerechtigkeiten wehren. Wenn Sie sich nicht wehren, wird das nicht besser, sondern immer schlimmer.

„In den europäischen Chefetagen dominieren weiter die Männer: Nur jede zehnte Führungsposition in den 50 größten börsennotierten Unternehmen in 25 Ländern Europas ist von einer Frau besetzt. Deutschland liegt dabei mit 10 Prozent im Mittelfeld. Spitzenreiter sind Slowenien und Lettland mit jeweils 22 Prozent. Schlusslicht ist Italien mit 2 Prozent Frauen in Spitzenpositionen. In Norwegen, Schweden und Großbritannien ist etwa jede sechste Entscheidungsposition in Großunternehmen in Frauenhand, während es in Frankreich gerade 5 Prozent sind.“ Aus: *Süddeutsche Zeitung*, 22.1.2005

„Sie arbeiten doch bloß einen halben Tag!"

Eigentlich müsste man Männer für solche abstrusen Argumente bewundern. Wie kommen die bloß auf solche Absurditäten? Was hat die Arbeitszeit mit der Produktivität zu tun? Haben die keine Ahnung von BWL? Doch, schon. Das macht ihre rhetorische Leistung so bewundernswert: Obwohl sie wissen und es unter der Hand auch zugeben, dass Frauen oft „an einem halben

Tag mehr leisten als manche Mitarbeiter an zwei Tagen", stellen sie sich dumm und kommen mit solchen Killersprüchen daher. Eine rhetorische Meisterleistung.
Die benötigen sie auch. Denn wie wir wissen, ist die Artikulationsfähigkeit von Frauen weitaus besser als die von Männern. Frauen haben einen bis zu zehnmal größeren Wortschatz als Männer. Weil Männer das nur zu gut wissen, kolportieren sie das Gerücht von der Frau als Klatschtante. Auch das ist eine rhetorische Taktik: Wenn man die Leistung eines Menschen schon nicht wegdiskutieren kann, dann macht man sie zumindest schlecht und nennt sie zum Beispiel nicht „überlegene Artikulationsfähigkeit" sondern „Klatschsucht".

Ihre Gegenargumente

Wie immer in Form von alternativen, kombinierbaren und modifizierbaren Musterformulierungen:

Musterformulierungen

- ❑ „Stimmt. Ich arbeite bloß einen halben Tag und leiste die Arbeit von einem ganzen. Dabei will ich noch nicht mal das Gehalt für einen ganzen Tag. Ich bin schon mit ... Euro mehr zufrieden."
- ❑ „Vor ... Monaten war das Gehalt auch noch in Ordnung. Doch jetzt leiste ich ... (zwei bis drei Mehrleistungen aufzählen). Deshalb sollten wir auch mein Gehalt anpassen."
- ❑ „Grundsätzliche Frage: Wenn Sie mehr leisten, erwarten Sie dann nicht auch mehr Geld? Lassen Sie uns über eine konkrete Zahl reden."
- ❑ „Sie sehen selbst, dass ich an diesem halben Tag wesentlich mehr leiste als noch vor ... Monaten. Ich halte deshalb eine Gehaltsanpassung für angemessen. Lassen Sie uns darüber reden."

„Ich habe die Erfahrung gemacht – jetzt werden Sie erstaunt sein! –, dass die Frauen zuverlässiger sind als die Männer“, sagte Konrad Adenauer im Februar 1961 vor seiner anstehenden Wiederwahl. Dennoch bedurfte es nach seiner erfolgten Wiederwahl im September erst einer Sitzblockade von hartnäckigen Parlamentarierinnen vor dem Amtszimmer des alten neuen Kanzlers, damit dieser sein Wahlversprechen einlöste, die erste deutsche Frau in ein Ministeramt zu berufen.

Männer brüsten sich gerne mit den Leistungen von Frauen. Wenn es jedoch darum geht, deren Leistungen adäquat anzuerkennen, sind sie nicht mehr ganz so fix. Dann muss frau sie auch mal mit sanftem Druck dazu zwingen. Das wussten unsere Mütter in den 60er Jahren schon.

Argumentation ohne konkrete Mehrleistung

Manchmal haben Frauen Probleme damit, mit Mehrleistungen zu argumentieren. Sei es, weil de facto keine konkrete Mehrleistung vorliegt. Sei es, weil sie noch immer nicht die falsche, anerzogene Bescheidenheit abgelegt haben, die ihnen verbietet, stolz auf konkrete persönliche Leistungen zu sein. Weil dieses Argumentationshemmnis besonders oft bei Teilzeit-Beschäftigungsverhältnissen auftaucht, hier eine Alternative:
Sie können auch mit der so genannten Adjektiv-Argumentation Ihre Leistungen belegen und Ihren Gehaltswunsch untermauern.

z.B

Lisa zum Beispiel ist als Teilzeit-Teamsekretärin die Seele des Büros. Eine fröhliche Seele obendrein. Das kommt ihr zunutze, als der Chef ihren Gehaltswunsch mit dem Halbtagesargument ablehnt. Sie argumentiert: „Stimmt, ich arbeite nur einen halben Tag an der Kundenbetreuung, Ablage und Dokumentation. Aber das so pünktlich, schnell, zuverlässig und gut organisiert, dass der ganze Verwaltungskram läuft wie am Schnürchen. Ist Ihnen das nicht auch was wert?“

Das klingt ein wenig naiv. Doch bei Lisa (und vielen anderen Frauen) kommt das so authentisch rüber, dass sich der Chef den adjektivisch aufgeführten Leistungsnachweisen nicht gänzlich verschließen kann. Er lässt zumindest mit sich reden. Das ist besser als eine Rundheraus-Absage.

Mit welchen (positiven, verkaufsförderlichen) Adjektiven würden Sie Ihre Leistung umschreiben? Welche positiven Wirkungen auf Wertschöpfung, Produktivität, Effizienz und Arbeitsklima erzielen Sie direkt und indirekt? Lassen Sie Ihrer Kreativität freien Lauf. Lassen Sie sich dabei auch nicht von der blöden Stimme im Hinterkopf ausbremsen, die Ihnen einflüstern möchte, dass frau auf eigene Leistungen nicht stolz sein darf. Wie immer gilt: Nicht nur mitdenken, sondern möglichst auch mitschreiben. Schriftlich gemachte Übungen sind viel wirksamer als bloße Gedankenspielerei:

Die Testimonial-Argumentation

Neben der adjektivischen Argumentation für die eigene Leistung gibt es noch eine alternative oder ergänzende Technik der Argumentation.

Führen Sie Zitate von internen/externen Kunden an, welche die Zufriedenheit mit Ihrer Leistung belegen. Solche Zitate aus der Zielgruppe heißen neuhochdeutsch Testimonials (vom Englischen to testify – bezeugen).

Lisa beispielsweise sagt zu ihrem Chef: „Erst gestern hat mir der Innendienstleiter gesagt, wie toll das alles jetzt läuft, seit ich den ganzen Papierkram verwalte. Kein Vergleich zu früher, hat er gesagt." Streng genommen ist das natürlich keine Mehrleistung, die eine Gehaltsanpassung rechtfertigen würde. Doch Sie benötigen nicht immer eine Mehrleistung, um mehr Geld zu bekommen:

Da Chefs so schrecklich vergesslich sind, reicht es für eine Gehaltserhöhung oft schon aus, sie an Ihre Vorzüge und die Qualität Ihrer Leistung zu *erinnern*.

Besonders wirksam ist dabei ein Testimonial vom ihm selbst, das man dem Chef dann vortragen kann: „Erst letzte Woche sagten Sie noch, wie reibungslos jetzt die Auftragsannahme funktioniert!" Jetzt wissen Sie übrigens auch, warum viele Chefs so wenig loben: Die fürchten, dass jedes Lob von den bösen Mitarbeitern sofort als Vorwand für eine Gehaltserhöhung missbraucht wird. Eine Furcht, die rein empirisch betrachtet an den Haaren herbeigezogen ist – aber das sind Ängste ja meist.
Dennoch: Selbst der motivationsfeindlichste Chef wird irgendwann ein gutes Wort über Ihre Leistung fallen lassen: Bewahren Sie es gut auf. Sie werden es gebrauchen können.
Und wenn der Chef nicht von sich aus lobt, holen Sie sich Ihre verdiente Anerkennung selbst ab!

„In den Vorständen der 87 größten Kapitalgesellschaften der Old Economy liegt der Anteil der Frauen im Schnitt bei einem Prozent. Bei den DAX-30-Unternehmen hat es eine einzige Frau in den Vorstand gebracht. Niederschmetternde Zahlen, die uns im Vergleich zu skandinavischen Ländern rückständig aussehen lassen." Aus: *Süddeutsche Zeitung*, 28.1.2005

Anerkennung abholen

Viele erprobte Tipps, sich mehr Gehalt zu sichern, funktionieren bei Frauen nicht. Dazu zählt zum Beispiel der Tipp, Testimonials als „Munition" für die eigene Argumentation einzusetzen: Die meisten Frauen überhören mündliche Anerkennung für ihre Leistung schlicht, verdrängen sie oder lassen sie von der Stimme im Hinterkopf schlechtreden: „Ach, so toll war das nicht!"

Gehen Sie achtsam durchs Leben!

1. Machen Sie sich Ihre versteckte Tendenz bewusst, Lob zu überhören.
2. Achten Sie heute einmal bewusst darauf, wer sich positiv über Ihre Arbeit äußert. Machen Sie sich diese Achtsamkeit zur Gewohnheit.
3. Beginnen Sie damit, sich Ihre verdiente Anerkennung aktiv einzuholen.

Lisa hat es ganz gut drauf, sich ihre verdiente Anerkennung vom Chef einzuholen, wenn dieser wieder mal zu lange Zeit nach dem beliebten Macho-Motto managt: „Nicht geschimpft ist gelobt genug!" Sie holt sich ihre Anerkennung fragend ab: „Wie waren Sie übrigens mit ... zufrieden? Wir haben beim durchschnittlichen Auftragsdurchlauf jetzt drei Tage erreicht. Wie finden Sie das? Auf einer Notenskala von eins bis sechs – wie würden Sie die Übersichtlichkeit der Ablage benoten? Wir haben noch nie so viele Aufträge in so kurzer Zeit bearbeitet. Was halten Sie davon?" Man merkt, dass Lisa den alten Management-Spruch „Wer fragt, der führt" ganz gut verinnerlicht hat und praktizieren kann. Im Gegensatz zu ihrem Chef, nebenbei bemerkt. Sie verspüren einen inneren Widerstand bei dem Gedanken, sich Ihr Lob selbst abzuholen? Kümmern wir uns darum.

Der Mensch lebt nicht vom Brot allein

Leistung allein reicht nicht

Viele Frauen zeigen sich irritiert bei dem Gedanken, etwas für ihren Gehaltswunsch zu tun. Eine sagt stellvertretend für viele: „Natürlich bin ich davon überzeugt, dass ich viel mehr leiste, als ich bekomme. Aber warum muss ich für mehr Gehalt Adjektive suchen oder Fishing for Compliments betreiben?" Sie brachte dieses Argument in einem Seminar. Und noch bevor ich etwas darauf erwidern konnte, kam aus der hintersten Reihe der halblaute Zwischenruf: „Ich möchte abnehmen – aber warum muss ich dafür joggen oder radeln?" Sarkastisch, aber prinzipiell richtig.

Vielleicht könnten wir auch rein rational betrachtet einsehen, dass wir Adjektive oder Testimonials brauchen, wenn wir mehr Gehalt möchten. Doch oft spielt der Bauch dabei nicht mit: Wir haben einfach ein schlechtes Gefühl dabei. Ein bisschen emotionale Intelligenz ist gefragt. Der Vorteil dabei: Frauen haben mehr davon als Männer. Also aktivieren Sie Ihre:

- ❑ Machen Sie sich klar, dass das flaue Bauchgefühl Ihnen möglicherweise nicht sagen möchte „Fishing for Compliments ist schlecht!", sondern: „Hilfe, ich habe das noch nie gemacht! Das ist ungewohnt!" Oder: „Ich bin mir das nicht wert!"
- ❑ Gehen Sie in sich: Ist Ihre Furcht vor Anerkennung verstecktes Symptom eines latenten Minderwertigkeitsgefühls? Sich diese Verstrickung bewusst zu machen, reicht oft schon, sie zu lösen. Achtsamkeit bewirkt oft Wunder.
- ❑ Vielleicht fühlen Sie sich auch nur deshalb gehemmt, weil Sie sich nie trauen würden, ein Testimonial vom Chef einzuholen. Also fangen Sie klein an. Fischen Sie erst mal bei guten Kollegen, zu denen Sie ein ungetrübtes Verhältnis haben. Der meist überraschende Erfolg wird Sie schnell zu Größerem beflügeln.
- ❑ Hören Sie tiefer in sich hinein. Hinter der Furcht vor positiven Adjektiven und Testimonials verbirgt sich oft noch ein anderes, weitaus schwächeres Gefühl, das Ihnen sagt: „Aber

Lob und Anerkennung stehen mir doch zu! Der Mensch lebt nicht vom Brot allein! Und wenn die mir das nicht von sich aus geben, dann muss ich mir das eben holen! Jedenfalls bin ich nicht bereit, darauf zu verzichten. Das bin ich mir schuldig. So viel bin ich mir wert!“

❑ Vertrauen Sie dieser leisen Stimme. Je stärker Sie das tun, desto stärker werden Sie dabei werden.

Die Transferblockade

Eigentlich seltsam, nicht? Der Tipp „Testimonials bringen mehr Geld!“ ist scheinbar so einfach. Und trotzdem haben im Gegensatz zu Lisa viele Frauen Probleme damit, welche einzuholen. Dieses Phänomen ist universell: Haben Sie sich nicht auch schon gewundert, warum viele, selbst einfachste Tipps für Gehaltsverhandlungen (Beziehungen, Glück und Erfolg im Leben) bei Ihnen einfach nicht funktionieren?
Das ist nicht Ihre Schuld. Schuld daran ist vielmehr, dass viele Tipps per se nicht *umgesetzt* werden können.

Gute Tipps kann jede(r) geben. Darauf kommt es nicht an. Es kommt viel stärker darauf an, auch zu sagen, wie man/frau sie umsetzt!

Diese Umsetzung vom Lernfeld ins Anwendungsfeld nennt man in der Didaktik „Transfer“. Eigentlich müsste es verboten sein, nicht transfergesicherte Tipps zu veröffentlichen. Weil sie Ratsuchende regelmäßig in schwere Selbstvorwürfe stürzen: „Ich kriege das nicht hin! Dabei ist das so einfach!“ Nein, ist es eben nicht. Denn der Transfer ist nicht gesichert.

Viel wichtiger als jeder Tipp sind die Hindernisse, die Ihnen beim Transfer des Tipps vor die Füße geworfen werden.

Man könnte auch sagen: Tipps an sich sind wertlos – es kommt viel eher darauf an, die bei ihrer Umsetzung auftauchenden Hindernisse zu beseitigen. Und wenn Ihnen nun mal keine positiven Adjektive zu Ihrer Arbeit einfallen oder wenn Sie sich Testimonials einzuholen oder vorzubringen nicht trauen, dann ist es eben entscheidend, dass wir uns mit diesen Transferblockaden auseinander setzen und sie sanft beiseite schieben, wertschätzend integrieren oder überwinden – anstatt den Tipp in die Tonne zu kicken: „Funktioniert bei mir nicht!"

„Frauen sind für mehr Frauenmacht, klar. Aber dann passt ihnen doch Merkels Frisur nicht oder ihre Nase oder ihr Ton, wünschten sie sich mehr Persönlichkeit, mehr Erotik, mehr Statur." Christine Dössel in der *Süddeutschen Zeitung*, 28.1.2005

Diese minderwertigen Teilzeitkräfte!

Wir haben schon ganz zu Beginn des Buches gesagt, dass die Gehaltsproblematik eigentlich eine Problematik des Selbstbewusstseins ist:

!

Selbstbewusste Frauen verdienen mehr! Einmal ganz davon abgesehen, dass sie auch erfolgreicher, gesünder und glücklicher sind.

Das Problem des reduzierten Selbstwertgefühls tritt in verschärftem Maße bei Teilzeitkräften auf. Nicht weil es Teilzeitler sind, sondern weil bestimmte Chefs verbal besonders heftig mit Teilzeit-Jobberinnen umspringen, wie wir oben gesehen haben. Um Gehaltswünsche von Teilzeitlerinnen abzuwehren, reden Vorgesetzte gerne die Zeit klein: „Sie arbeiten doch nur halbtags.

Was wollen Sie denn?“ Was sie jedoch tatsächlich damit kleinreden, ist die Leistung und die Person der Mitarbeiterin. Und das verletzt meist so stark, dass Frauen eher mit den Tränen als mit den Argumenten des Chefs kämpfen. Lassen Sie uns deshalb ganz intensiv an diesem Selbstwert-Killer arbeiten. Im Grunde ist die Sache herzlich einfach.

Lassen Sie sich über den Umweg der Zeit nicht Ihre Leistung klein- oder kaputtreden!

Durchschauen Sie die Manipulation. Machen Sie sich bewusst, was da mit Ihnen versucht wird. Lassen Sie es innerlich nicht mit sich machen. Sagen Sie sich: „Ich weiß am besten, welche Leistung ich in der Zeit bringe, die ich hier bin!“ Erinnern Sie sich gedanklich ganz bewusst daran: „Zeit und Leistung kann und darf man(n) nicht gleichsetzen!“ Die Sache hat nur einen Haken: Wenn der Chef Sie mit dieser Manipulation überrumpelt, hat er meist auch schon gewonnen.

Lassen Sie sich nicht überrumpeln!

Wir haben schon öfter gesehen, dass eine gute Vorbereitung die halbe Miete für den Erfolg eines Gehaltsgesprächs ist.

Da Gehaltsgespräche für Teilzeit Jobs oft besonders hart sind, sollten Sie sich darauf besonders gut vorbereiten.

Das gilt insbesondere für die fiesen Einwände, mit denen manche Chefs die Teilzeit schlechtreden wollen. Natürlich gibt es keinen Zusammenhang zwischen Arbeitszeit (Input) und Leistung (Output). Denn sonst könnte man Aufgaben allein dadurch erledigen, dass man besonders lang im Büro sitzt. Leider funktioniert das nicht, wie wir alle wissen. Doch wenn der Chef Sie mit diesem scheinlogischen Zeitäquivalenz-Argument überrumpelt, haben Sie schlechte Karten. Denn auf die Schnelle, aus dem Stegreif wird Ihnen sicher keine adäquate Erwiderung dazu einfallen. Also bereiten Sie sich darauf vor. Legen Sie sich eine Musterformulierung zurecht, die Sie dann so lange trocken üben, bis sie sitzt.

„Das heißt nicht, dass die Männer nicht ihre Strategien hätten, Frauen auszuschließen – von betont herablassendem Verhalten bis hin zu Absprachen in Kungelrunden und Hinterzimmern. Die väterliche Frage ‚Ist das nicht zu viel für Sie? Wie wollen Sie das denn schaffen?‘ müssen sich viele Frauen anhören. Eine Frage, die sich Erwachsenen gegenüber eigentlich verbietet." Aus: *Süddeutsche Zeitung*, 28.1.2005

Hilfreich bei der Behandlung des Zeitäquivalenz-Arguments sind Metaphern und Vergleiche. Lisa zum Beispiel sagt zu ihrem Chef: „Es gibt Menschen, die bauen in fünf Jahren ein Haus, wenn andere es in fünf Monaten machen. Ich mache es eben in fünf Monaten. Und dafür soll ich bestraft werden? Sollte ich dafür nicht eher belohnt werden?" Das heißt: Reden Sie über Leistung, nicht über Zeit. Bringen Sie das Gespräch zum eigentlichen Thema zurück.

Auf der Abschussliste

Teilzeitlerinnen haben noch ein Problem, das Vollzeitbeschäftigte nicht in diesem Maße quält: Sie stehen mehr oder weniger permanent auf der Abschussliste. „Was wollen Sie? Mehr Gehalt? Seien Sie froh, dass Sie Arbeit haben. Vor der Tür stehen 20 Bewerberinnen, die alle Ihren Job wollen!" Dieses Argument kommt etlichen Chefs bei Gehaltsforderungen von Teilzeitkräften viel schneller über die Lippen als bei Vollzeitkräften. Und der Arbeitsmarkt scheint ihnen Recht zu geben. Es gibt sehr viel mehr teilzeitwillige Menschen (vor allem alleinerziehende Frauen) als Teilzeitpositionen. Deshalb halten Teilzeitlerinnen lieber vorsichtshalber die Klappe und geben sich mit teilweise ausbeuterischem Entgelt und schlechter Behandlung zufrieden. Dabei ist das Ganze eine gigantische Täuschung!

Lassen Sie sich bloß nicht einreden, Sie stünden als Teilzeitkraft auf der Abschussliste. Das ist in den meisten Fällen ein Bluff vom Chef.

Der Bluff vom Chef

Auf den ersten Blick erscheint das Argument logisch, stichhaltig und bedrohlich: Eine Teilzeitkraft lässt sich viel leichter ersetzen als eine Vollzeitkraft! Also halt lieber die Klappe! Glücklicherweise trügt der erste Blick im Business wie in allen komplexen Systemen (Beziehung, Erziehung, Gesellschaft, Medizin, Pokern ...) in der Regel. Das grundlegende Missverständnis dahinter:

Sie sind Teilzeitkraft – keine Hilfskraft! Also halten Sie sich auch nicht für eine oder lassen es sich einreden.

Wenn Sie Kisten stapeln oder Briefumschläge zukleben, kann man Sie tatsächlich von heute auf morgen durch eine andere Kandidatin ersetzen. Denn Menschen, die Kisten stapeln oder Kuverts zukleben können, gibt es genug. Wobei zwischen Können und Wollen in Deutschland noch ein erheblicher Unterschied klafft: Selbst diesen Umstand können Sie sich zunutze machen! Das heißt: Menschen, die Ihre spezielle Tätigkeit morgen schon ausfüllen könnten, gibt es sehr viel weniger, als der bluffende Chef oder Ihre Angst vor Jobverlust Ihnen suggerieren möchten!

Nehmen wir Lisa: Sie hat über acht Monate lang an der Systematisierung der Auftragsbearbeitung, Ablage und Dokumentation gearbeitet. Jetzt beherrscht sie das System aus dem Effeff, verbessert es ständig und schult sogar ihre Kolleginnen und Kollegen nebenbei. Würde der Chef seinen Bluff tatsächlich wahrmachen und morgen eine neue Teilzeitkraft einstellen, würde diese im nächsten halben Jahre garantiert nicht ihr Geld wert sein. Denn so lange dauert ihre Einarbeitungszeit. In dieser Zeit würde die Ablage wahrscheinlich zusammenbrechen. Diese reale Bedrohung ist jedem (guten) Chef geläufig.
Wenn der Chef Lisa tatsächlich feuern würde, würde er mächtig draufzahlen und Chaos in der Abteilung riskieren. Er würde heftiger draufzahlen, als wenn er Lisa ein bisschen mehr Teilzeitgehalt gibt. Lisa spricht das diplomatisch an. Nicht, um den Chef aufzuklären. Das wäre unverschämt, unnötig und kontraproduktiv. Sondern um zu zeigen, dass sie seinen Bluff durchschaut:

Musterformulierung

„Mir ist die Lage auf dem Arbeitsmarkt auch klar. Aber seien wir ehrlich: Keine Neue könnte die Arbeit so gut erledigen wie ich. Ihre Einarbeitung wäre viel teurer als eine moderate Gehaltsanpassung für mich. Was meinen Sie?“

Es ist wichtig, dass Sie dieses schlagende Argument moderat und diplomatisch vorbringen. Denn wenn Sie dabei auftrumpfen würden, könnte sich der Chef emotional genötigt sehen, Sie wider besseres Wissen und mit hohen Kosten für ihn doch zu feuern. Allein deshalb, weil er sich durch Ihre nassforsche Art ans Bein gepinkelt fühlt. Es ist nie klug, gegenüber dem Chef die Rechthaberin rauszukehren – auch und gerade dann nicht, wenn er im Unrecht ist.

Die heimliche Ausdehnung der Teilzeit

Es gibt ein weiteres Problem, das Teilzeit-Jobberinnen das Leben schwer macht. Es ist so gravierend, dass es auch unter dem Label „Ausbeutung der Teilzeitkräfte“ bekannt ist. Oder wie ein Manager mal recht zynisch formulierte: „Unsere Teilzeitkräfte sind eine echte Goldgrube. Ich bezahle sie für 20 Stunden, aber die arbeiten regelmäßig 30! Ich überlege, sämtliche Beschäftigungsverhältnisse in Teilzeitverhältnisse umzuwandeln.“
Das ist Kapitalismus vom Feinsten. Abgesehen vom zynischen Unterton trifft die Bemerkung jedoch ins Schwarze:

Hüten Sie sich vor der heimlichen Ausdehnung Ihrer Teilzeit!

Das heißt natürlich nicht, dass Sie wegen jeder halben Überstunde gleich Zeter und Mordio rufen sollten. Das ist gar nicht das Problem. Das Problem entwickelt sich aus unterschiedlichen Konstellationen heraus, die alle einen relativ hohen Verpflichtungscharakter aufweisen. Das macht es so schwer, der heimlichen Ausdehnung Ihrer Arbeitszeit zu widerstehen:

- Weil Chef und Kollegen merken, wie gut Sie arbeiten, bekommen Sie immer mehr Aufgaben delegiert – Ihr Teilzeitkontingent jedoch bleibt bestehen. Das heißt, Sie müssen mehr Aufgaben in gleicher Zeit erledigen. Meist eine faktische Unmöglichkeit. Also setzen Sie gutmütigerweise „hin und wieder“ einige Überstunden dran. Bis Sie bemerken, dass aus dem Hin und Wieder unbemerkt ein permanenter Zustand geworden ist.
- Der Chef manipuliert Sie bewusst in die Ausdehnung hinein: „Frau Meier, das müssen Sie auch noch machen!“ – „Aber das ist in meinen vier Stunden nicht zu schaffen!“ – „Dann bleiben Sie eben länger da!“ Was soll frau da machen? Etwa dem Big Boss widersprechen?

- ❑ Sie arbeiten gerne gründlich, fehlerfrei und ordentlich. Doch in der Ihnen zur Verfügung stehenden Zeit kann man eigentlich nur besseren Pfusch und Schlamperei abliefern. Also sagen Sie sich „Qualität vor Quantität" – und machen unbezahlte Überstunden. Denn es ist Ihnen einfach wichtig, gute Arbeit zu leisten. Auch wenn Sie dabei draufzahlen.

> „Während Männer bei einem Bier das Wichtigste auskumpeln, vertrauen Frauen auf ihre Kompetenz und wundern sich hinterher, dass es für weiblichen Fleiß keinen Preis gibt."
> Christine Dössel in der *Süddeutschen Zeitung*, 28.1.2005

Es gibt Teilzeitkräfte, die arbeiten dank heimlicher Ausdehnung ihrer Arbeitszeit inzwischen fast so viele Wochenstunden wie die Vollzeitkräfte. Böse Kiste? Richtig. Aber wie alle Liebhaber der Augsburger Puppenkiste wissen: Aus jeder Kiste kommt frau irgendwie heraus. Machen wir den Deckel auf.

Checkliste: Wehret den Anfängen!

- ❑ Wie viele Wochenstunden stehen in Ihrem Teilzeitvertrag? Und wie viele arbeiten Sie im Schnitt faktisch?
- ❑ Beginnen Sie sofort mit der Dokumentation Ihrer Überstunden. Dokumentieren Sie nachvollziehbar: Datum, Wochentag, Anzahl der Überstunden, Beschreibung der Aufgaben innerhalb der Überstunden, Veranlassung der Überstunden. (Welcher wichtige Mensch brauchte Ihre Dienste für welche wichtigen Zwecke?) Ein Musterformular finden Sie unten.
- ❑ Wenn Sie über mehrere Wochen (etwa sechs) regelmäßig länger arbeiten als vereinbart, haben Sie einen Gesprächsbedarf.
- ❑ Dasselbe gilt, wenn es saisonal oder periodisch zu solchen Überlastungsspitzen kommt, zum Beispiel vor Messen, für

die neue Kollektion, in der Hochsaison, um Weihnachten herum ...

- ❑ Überwinden Sie Ihre Gesprächshemmungen wie „Aber ich trau mich das nicht!“, „Die paar Überstunden kann ich auch unbezahlt dransetzen!“. Gehen Sie in den inneren Dialog: Das reicht meist schon. In hartnäckigen Fällen hilft auch ein Coach, selbstverständlich weiblich.
- ❑ Bereiten Sie sich aufs Gehaltsgespräch vor: innere Einstellung, Argumentation mithilfe Ihrer Überstunden-Dokumentation, Einwandsbehandlung, Alternativen.
- ❑ Sprechen Sie auf jeden Fall die Problematik an. Denn insbesondere gute Chefs reagieren überraschend, zum Beispiel: „Was? So viele Überstunden sind das? Das hätte ich nicht gedacht! Ja warum kommen Sie erst jetzt damit zu mir? Ich verlange doch nicht, dass Sie umsonst für uns arbeiten. Ich bin doch kein Unmensch!“ Ohne Witz, das hört frau öfter, als man annehmen sollte. Oft sind gute Chefs richtig sauer, dass die „dumme Nuss sich erst so spät gemeldet hat. Wie sieht das denn nach draußen aus? Als ob wir unsere Teilzeitkräfte ausbeuten würden!“ Oder wie eine Teilzeitkraft und zweifache Mutter das schelmisch ausdrückte: „Wer gefüttert werden will, muss erst mal den Mund aufmachen!“

Wer den Mund aufmacht, hat mehr vom Leben

Musterformular: Dokumentation Überstunden

Datum	Wochentag	Überstunden	Aufgaben	Veranlassung

Wenn der Chef Sie zuschmeißt

„Frau Meier, das müssen Sie auch noch machen!" – „Aber das ist in meinen vier Stunden nicht zu schaffen!" – „Dann bleiben Sie eben länger da!"
Teilzeitkräfte schieben nach so einem Dialog regelmäßig massig Frust. Denn eine Teilzeitkraft arbeitet ja nicht Teilzeit, um nachmittags möglichst schnell auf den Golfplatz zu kommen. Sie arbeitet Teilzeit, weil nach der Arbeit schon Haushalt, Gatte, Kinder oder andere abhängige Wesen mit großen Augen und hungrigen Mäulern und „null Verspätungstoleranz" auf sie warten, wie das eine „Teilzeit-Mutter" mal ausdrückte.
Das heißt: Eigentlich kann sie gar nicht länger dableiben – und das weiß der Chef auch. Er „vergisst" es lediglich, weil bei ihm kapazitätsmäßig die Bude brennt. Dann muss die Teilzeitkraft ganz schnell organisieren, wer die Kleinen vom Kindergarten holt oder daheim das Essen kocht. Das ist schon schlimm genug. Was jedoch noch weitaus schlimmer ist: Über den Frust, den Ärger mit dem Chef und das akute und riesengroße Organisationsproblem vergisst frau oft das Problem der Bezahlung.

! Frauen reagieren mit Frust auf übertarifliche Belastungen, Männer mit Gehaltsforderungen.

Checkliste: Damit Sie nicht zugeschmissen werden

- ❑ Wenn der Chef Sie für unpassende Überstunden zwangsrekrutieren möchte, verkneifen Sie sich den spontan einsetzenden Jammeranfall: „Aber ich muss doch jetzt ... (die Kinder von der Schule abholen)!" Das bringt nichts. Im Gegenteil. Sie reizen den Chef damit nur noch, weil es für ihn nichts Wichtigeres geben darf als das Business.

Musterformulierungen

- ❑ Statt zu jammern, signalisieren Sie grundlegendes Einverständnis: „Herzlich gerne, Herr ... "

- ❏ Sprechen Sie vorwurfsfrei und freundlich lächelnd Ihren Hinderungsgrund an: „Eigentlich habe ich mein Stundensoll für heute schon voll und sollte jetzt die Kinder ... “
- ❏ Machen Sie einen Alternativvorschlag: „Wäre es akzeptabel, dass ich die Sache gleich morgen früh in Arbeit nehme?“
- ❏ Seien Sie nicht zu überrascht, wenn der Vorgesetzte einwilligt. Denn manchmal hat er einfach nicht Ihre Arbeitsstunden im Kopf (kann frau auch nicht wirklich erwarten).
- ❏ Seien Sie andererseits auch nicht überrascht, wenn er ablehnt: „Die Bude brennt jetzt. Jetzt muss der Auftrag raus! Nicht morgen!“
- ❏ Schlucken Sie den Ärger, den er Ihnen damit verursacht, nicht hinunter, sondern artikulieren Sie ihn vorwurfsfrei und freundlich: „Alles klar, ich bleibe. Ich werde nur rasch ... anrufen und ihr sagen, sie soll sich um die Kinder kümmern.“ Nein, das ist nicht Ihre Privatsache! Deshalb dürfen Sie das auch nicht verschweigen. Wenn der Chef Ihnen Umstände macht, dann muss er das auch mitbekommen. Sonst kann er nichts daraus lernen. Und das wollen wir nun wirklich nicht. Außerdem: Männer trennen gerne Beruf von Privatem – da sollten wir nicht unbedingt mitmachen oder Vorschub leisten.
- ❏ Sprechen Sie die Konsequenzen an. Denn eine stillschweigende Ausdehnung Ihrer Teilzeit muss Konsequenzen haben. Sonst platzt Ihnen irgendwann die Galle oder Sie bekommen das Stigma der willigen Billigsklavin aufgebrannt.
- ❏ Eine Konsequenz ist: „Kann ich die zusätzlichen Stunden am ... abfeiern?“ Falls Ihre Arbeitsbelastung das zulässt.
- ❏ Falls nicht, sprechen Sie die alternative Konsequenz an: „Ich gehe davon aus, dass die Überstunden bezahlt sind.“
- ❏ Verneint der Chef, was seltener passiert, als das Bild vom bösen Kapitalisten suggeriert, können Sie immer noch sagen: „Oh! Ich wollte nur mal fragen.“
- ❏ Passiert es öfter, dass er/sie unbezahlte Überstunden von Ihnen verlangt, schauen Sie sich nach einem neuen Job um. Wenn Sie einen gefunden haben, bei dem Sie sich verbessern, wechseln Sie.

Das hört sich alles einleuchtend und im Grunde gar nicht so schwierig an? Das ist es auch. Was aber machen viele Frauen stattdessen? Zur Freundin rennen und klagen: „Heute habe ich schon wieder länger bei der Arbeit bleiben müssen. Die Kinder zu Hause haben wieder nur kalt gegessen. Er weiß doch, dass ich Familie habe! Warum ist er bloß so gemein?!“

Nicht jammern, Mädels, sondern die Sache wie eben beschrieben mit dem Chef durchsprechen. Wer sich nicht wehrt, lebt verkehrt.

Eine ganz üble Tour

Wie negativ sich die angeblich so maue Konjunktur auf die Gestaltung der Beschäftigungsverhältnisse niederschlägt, wird in der Öffentlichkeit noch kaum diskutiert. Dabei sind die Belastungen für ArbeitnehmerInnen und Angestellte enorm. Viele kleine und mittlere Unternehmen entlassen zum Beispiel seit einigen Monaten massiv Vollzeitkräfte und ersetzen sie durch Teilzeitkräfte. Was sich wie der neueste Trick böser Kapitalisten anhört, ist oft genug lediglich „eine Verzweiflungstat im nackten Kampf ums Überleben des Unternehmens“, wie das ein Insolvenzverwalter ausdrückt.

z.B

Ein Autohaus entlässt seine jahrelange Vollzeitkraft für die Erledigung des „Papierkrams“: Auftragsverwaltung, Rechnungsstellung, Kundendatenpflege ... Dafür stellt der Unternehmer eine Teilzeitkraft ein. Schon nach wenigen Tagen merkt diese, wie der Hase läuft:
Teilzeitkraft: „Das schaffe ich doch niemals an fünf Tagen die Woche!“
Unternehmer: „Dann kommen Sie eben auch samstags. Hier ist der Büroschlüssel.“

Viele Unternehmer kämpfen derzeit trotz der populären Kapitalistenschelte ums Überleben. Keiner von ihnen ist ein Unmensch. Aber wenn die eigene Existenz auf dem Spiel steht, greift man auch zu unfairen Mitteln, die man in guten Zeiten selber für indiskutabel halten würde. Was will man machen? Wie schon Brecht sagte: Hart stoßen sich die Dinge im Raum. Das tröstet Sie wenig? Richtig, betrachten wir Ihre Möglichkeiten, die unangenehme Situation zu klären.

Checkliste: Vollzeitarbeit für Teilzeitlohn

- ❑ Wie reagieren Sie innerlich auf die Situation? Geben Sie sich auf keinen Fall damit zufrieden. Denn niemand kann in Teilzeit einen Vollzeit-Job schaffen. Resignation ist keine Lösung (nicht nur für dieses Problem).
- ❑ Klären Sie das Offensichtliche: Wer hat vor Ihnen die Arbeit gemacht? War das eine Vollzeitbeschäftigte? Die Kollegen geben meist Auskunft, weil sie es auch nicht toll finden, was da abgeht.
- ❑ Fragen Sie die KollegInnen auch nach Ideen zu Ihrer Entlastung. Die sind viel länger im Betrieb als Sie. Denen fällt bestimmt etwas ein.
- ❑ Suchen Sie das Gespräch mit dem Chef. Bereiten Sie sich gut darauf vor: Nicht nur lästern und (an)klagen, sondern Lösungsvorschläge (s.u.) einbringen.

Lästern löst keine Probleme

- ❑ Vermeiden Sie Vorwürfe, auch wenn sie berechtigt sind, wie: „Ich finde es unmöglich, dass ich eine Vollzeitkraft ersetzen muss!" Natürlich ist das unmöglich – doch der Chef steht schon am Abgrund! Wenn Sie ihn schubsen, geben Sie ihm den besten Vorwand, um aggressiv zu werden.
- ❑ Reden Sie vorwurfsfrei, am besten fragend, zum Beispiel: „Kann es sein, dass ich einen Vollzeit-Job stemmen muss?" Dann lässt der Chef eher mit sich reden.

- ❏ Das ist zunächst auch Ihre Lösungsstrategie: Mit dem Chef reden, ihn nicht bekämpfen. Denn diesen Kampf verlieren Sie. Außerdem stresst das nur unnötig: Kampf ist Krampf.
- ❏ Artikulieren Sie Verständnis für die Situation des Chefs. Das deeskaliert die Situation weiter.
- ❏ Bitten Sie jedoch auch um Verständnis für Ihre Situation. Und fügen Sie an: „Deshalb möchte ich mit Ihnen einige Lösungsmöglichkeiten besprechen."
- ❏ Eine dieser Möglichkeiten ist die Delegation: Welche Aufgaben könnten KollegInnen für Sie übernehmen? Da die meisten Klein- und Mittelunternehmen personell inzwischen ausgeblutet sind, besteht hier wenig Hoffnung – doch versuchen müssen Sie's.
- ❏ Die weitaus bessere Möglichkeit ist das so genannte Streamlining: Wertschöpfungs- oder Prozessoptimierung. Viele kleine und mittlere Unternehmen sind ein Ausbund an Ineffizienz: Man macht bestimmte Vorgänge so, weil man sie „schon immer so gemacht hat". Wenn Sie ineffiziente Vorgänge reorganisieren, werden Sie nicht nur effizienter – Sie werden damit auch noch entlastet! Okay, für die Reorganisation des Betriebs werden Sie nicht bezahlt. Doch was hilft's? Hauptsache, es geht Ihnen danach besser.
- ❏ Fragen Sie den Chef, welche anderen Möglichkeiten ihm noch einfallen. Oft muss frau ihn lediglich zum Denken animieren.

Auch Chefs haben gute Ideen

- ❏ Zügeln Sie Ihren Perfektionismus. Viele Frauen wollen auch in Teilzeitarbeit perfekte Ergebnisse abliefern. Wenn Sie dabei ein Vollzeitpensum erledigen müssen, ist das jedoch Selbstmord auf Raten. Machen Sie nur das Nötigste, lassen Sie alles andere weg, lassen Sie andere auch mal warten, lehnen Sie Unwichtiges ab, drücken Sie bei Fehlern ein Auge zu, akzeptieren Sie auch 60-Prozent-Lösungen. Nur so können Sie überleben.
- ❏ Wenn das alles nicht wesentlich hilft und Sie nach einigen Wochen feststellen, dass der Job Sie gesundheitlich oder emotional ruiniert, schauen Sie sich stillschweigend nach einem neuen Job um – und wechseln Sie dann.

Vorsicht vor Zufriedenheit!

Viele Teilzeitkräfte haben sich mehr oder weniger damit abgefunden, dass sie überlastet und unterbezahlt sind. Resignative Arbeitszufriedenheit nennt die Organisationspsychologin das. Wenn Sie damit leben können, prima. Das Problem daran ist lediglich: So wenige können das!

> Hüten Sie sich vor resignativer Arbeitszufriedenheit. Sie verursacht immense Langzeitschäden.

Ständig überlastet und dabei unterbezahlt zu werden, hält keine Psyche lange aus. Denn unter magerem Lohn leidet ja nicht nur direkt der Geldbeutel, sondern indirekt auch das Selbstwertgefühl: „Im Grunde ist meine Arbeit nicht viel wert!" Hören Sie auf Ihr Herz, Ihren Bauch. Hier ist der Sitz der emotionalen Intelligenz. Was rät sie Ihnen?

> Für Ihre seelische Gesundheit spielt es keine Rolle, ob Sie Erfolg haben, wenn Sie sich gegen unangemessene Bezahlung wehren. Die Seele honoriert bereits den Versuch. Denn damit sagen Sie sich selbst: Ich schätze mich. Ich bin mir das wert. Deshalb lautet das Sprichwort: Wer sich nicht wehrt, lebt verkehrt. Denn wogegen frau sich nicht wehrt, das macht sie seelisch irgendwann kaputt.

Resignative Arbeitszufriedenheit hat noch einen gravierenden Nachteil: Sie ist unsolidarisch. „Ach was", sagen viele Teilzeitkräfte, „ich brauche das Geld doch nicht wirklich. Mein Mann verdient gut. Mir fällt daheim bloß die Decke auf den Kopf. Lieber mache ich mich ein wenig in der freien Wirtschaft nützlich." Eine verständliche Haltung, die jedoch ein Problem aufwirft: Wenn einige Frauen so denken, geht es vielen Frauen schlechter. Dann sind jene Teilzeitkräfte, die einen gut verdienenden Mann zu Hause haben, mit schuld daran, dass jene Frauen, die zu Hause

zwei kleine Kinder haben, weniger verdienen, als sie zum Leben brauchen. Denn dann drücken die gut situierten Frauen die Löhne auf Kosten der weniger gut gestellten Frauen.
Daher: Wer sich wehrt, macht nichts verkehrt – und zeigt sich darüber hinaus solidarisch mit anderen Frauen.

„Davon kann ich nicht leben!"

„Mit dem Geld komme ich nicht über die Runden!" „Das reicht nicht für mich und die Kinder!" „Mit ... Euro im Monat komme ich einfach nicht aus!" „Ich hatte mir eigentlich mehr erwartet." Das sind bei Teilzeit-Beschäftigungsverhältnissen häufig gehörte Begründungen für Gehaltswünsche. Für wie aussichtsreich halten Sie diese Argumente?
Vielleicht haben Sie es selbst schon erlebt: Chefs reagieren eher negativ darauf. Nach dem Motto: „Dann müssen Sie eben sparsamer haushalten!"

Argumentieren Sie nicht damit, dass Sie zu wenig Geld verdienen, gemessen an Ihren Ausgaben und Bedürfnissen. Das muss fast zwangsläufig nach hinten losgehen, weil es den Chef mit dem Sozialamt gleichsetzt – und das lässt kein Chef mit sich machen. Wer mit seiner Lebenshaltung argumentiert, sagt zum Chef: „Du bist für meinen Lebensstandard zuständig!" Dafür wird sich jeder Chef bedanken.

Argumentieren Sie lieber damit, dass Sie zu wenig Geld verdienen, gemessen an Ihrer Leistung, Ihren Ergebnissen, Ihrem Arbeitspensum, der Zufriedenheit von Kunden und/oder Kollegen oder der Qualität Ihrer Leistung. Schön wäre natürlich, wenn Sie alle diese Argumente vorbringen könnten. Damit sagen Sie zum Chef nämlich: „Ich gebe dir mehr, als du mir zurückgibst!" Und das ist ein Argument, dem sich kein Geschäftsmann verschließen kann. Denn auf dem Gleichgewicht von Angebot und Nachfrage fußt das Fundament jeder Wirtschaft. Sozusagen ein systemkonformes Argument.

Die Sprachbarriere

Im Teilzeitbereich tritt gehäuft ein Artikulationsproblem auf: „Ich kann mich doch gar nicht so gewählt ausdrücken!" Deshalb verzichten viele Frauen auf ein Gehaltsgespräch beim Chef oder geben klein bei. Da liegt ein Missverständnis vor.

> Glauben Sie bloß nicht, Sie müssten so fein reden können wie eine Nachrichtensprecherin, um ein Gehaltsgespräch zu führen!

Im Gegenteil: Wenn Sie im Gehaltsgespräch versuchen, anders zu reden als sonst, klingt das gekünstelt und unfreiwillig komisch. Außerdem werden Sie schnell bemerken, dass Sie dabei ständig um Worte ringen und daher nicht wirklich mit dem Chef reden können. Deshalb: Bleiben Sie auch im Gehaltsgespräch authentisch.
Das ist die rhetorisch formalkorrekte Formulierung für: Reden Sie einfach so, wie Ihnen der Schnabel gewachsen ist!

Checkliste: Reden, wie der Schnabel gewachsen ist

- ❏ Passen Sie Musterformulierungen stets an Ihren eigenen Stil und Sprachgebrauch an.
- ❏ Oder basteln Sie sich gleich selbst welche.
- ❏ Sagen Sie sich Ihre Argumente und Einwandsbehandlungen laut (vor dem Spiegel) vor und feilen Sie so lange daran, bis sich die Sätze nicht länger wie Fremdkörper anfühlen.
- ❏ Verkünsteln Sie sich argumentativ nicht: Sagen Sie einfach, was Sache ist.
- ❏ Stehen Sie zu Ihrer eigenen Sprache. Sie müssen sich nicht der „gehobenen“ Sprache des Chefs anpassen.
- ❏ Schämen Sie sich nicht, dass Sie bestimmte kaufmännische und unternehmerische Dingen nicht verstehen. Ihr Verständnis der Dinge reicht völlig aus für Ihre Argumentation.

Es gibt Hoffnung

Auch wenn es manchmal hoffnungslos aussieht: Es gibt immer Hoffnung auf mehr Geld. Auch in der Teilzeit. Es lohnt sich immer, zu verhandeln. Frau kann mit jedem Chef übers Gehalt reden, wenn frau sachlich und vernünftig mit ihm redet.
Vielleicht gelingt das ja nicht dem Chef. Vielleicht wird er emotional, reagiert defensiv, lässt Killersprüche los oder wird persönlich. Das ist dann schade. Aber das heißt noch lange nicht, dass *Sie* es werden müssen! So seltsam das klingt: Wenn Sie dieses Buch gelesen haben, haben Sie in Sachen Gehaltsgespräch vielen Chefs eine Menge Know-how, Tipps, Techniken und Erfahrung voraus. Denn die meisten Chefs beschäftigen sich meist nur mit der sachlich-fachlichen Seite ihrer Arbeit – nicht mit der kommunikativen Seite.

Nachwort

Was bleibt am Schluss zu sagen? Mädels, holt euch, was euch zusteht! Irgendwann bekommen wir es vielleicht von ganz alleine. Doch bis es so weit ist, müssen wir es uns selbst holen. Das ist verdammt ungerecht und zweifelsohne eine Zusatzbelastung. Aber wenigstens eine, die sich immens lohnt. Wenn Sie mal daran denken, dass Sie in zehn Minuten Gehaltsgespräch mehr Lohn und Anerkennung für sich herausholen können als mit zehn Monaten harter Arbeit ... Das klärt die Prioritäten, nicht wahr? Oder um einen bekannten Werbespruch abzuwandeln: Führen Sie Gehaltsgespräche – weil Sie es sich wert sind!

... weil Sie es sich wert sind

Und weil Sie anders nicht bekommen, was Ihnen zusteht. Von wegen Gleichberechtigung! Von wegen Emanzipation! Wenn Sie die Zeitung aufschlagen und zwei wichtige Leute sich die Hand schütteln sehen, dann stehen die Chancen immer noch 10:1, dass Ihr Auge auf zwei Männer fällt. Bei Bilanzpressekonferenzen von Unternehmen sitzen vorne Männer. Selbst in reinen Frauensportarten sind die meisten Trainer Männer. Wo sind die Frauen? Daheim. Denn auch im 21. Jahrhundert kriegen Frauen eher Kinder als Führungspositionen. Frauen machen immer noch 80 Prozent der Hausarbeit und darüber können Sie mit Männern noch nicht einmal vernünftig reden! Die wollen die Ungleichheit schlicht nicht wahrhaben. Dito Gehaltsgefälle: Die meisten Männer wissen angeblich nix davon – oder streiten es vehement ab: „Aber in unserer Firma doch nicht!“

Der Gipfel der Frechheit

Das ist der Gipfel, wenn man bedenkt, dass es sich inzwischen immer mehr einbürgert, bei Gehaltstabellen nach Männlein und Weiblein zu differenzieren. Wie zum Beispiel im *Focus-Money* (16/2005), in dem ganz verschämt rechts neben der eigentlichen Gehaltstabelle noch eine Spalte für Frauen angefügt war. Auszugsweise konnte frau dort lesen:

Beruf	**Frauenverdienst in Prozent des Männerverdienstes**
Ingenieur in der Projektabwicklung	77,3
Filialleiter einer Bank mit Personalverantwortung	75,4
Betriebsleiter mit Personalverantwortung	74,2
Geschäftsführer mit Personalverantwortung	70,3
Unternehmensberater	78,8
Arzt	78,2
Verkaufsleiter mit Personalverantwortung	74,2
Steuerberater und Wirtschaftsprüfer	88,8
Controller	87,0

Was denken wohl Männer, wenn sie solche Zahlen lesen? Was denken die Chefs, die das zu verantworten haben? Was denken weibliche Azubis oder Hochschulabsolventinnen, wenn sie mit ihrer Abschlussnote zwar vier Fünftel der männlichen Azubis und Absolventen hinter sich lassen, dann aber doch mit einem Viertel weniger in der Lohntüte ihren ersten Job beginnen?

Die Zahlen geben schwer zu denken: Warum soll eine Controllerin nur 87 Prozent von dem wert sein, was ein Controller wert ist? Wodurch rechtfertigen sich rund 12 Prozent Gehaltsabschlag für Steuerberaterinnen? Beraten Frauen etwa nach einem anderen Steuerrecht? Haben sie nicht so viele Steuerschlupflöcher im Kopf wie ihre männlichen Kollegen?

Doch die Krönung des Ganzen ist die Selbstverständlichkeit der Darstellung: Das Gehaltsgefälle steht in einer eigenen Spalte einfach so da, als ob es das Selbstverständlichste von der Welt sei, dass Frauen weniger verdienen als Männer. Als ob das eine triviale Tatsache wäre, unumstößlich, faktisch, normativ und eigentlich ganz in Ordnung. Als ob man Frauen einen Service angedeihen ließe, wenn man rechts neben der eigentlichen Gehaltstabelle noch eine Spalte mit der impliziten Überschrift einfügt: Aber für euch Frauen gilt das links Aufgeführte nicht. Ihr müsst euch mit folgendem Mindergehalt zufrieden geben. Eine Frechheit ist das.

Selbst ist die Frau

Eine Frechheit, die nur eine Schlussfolgerung zulässt: Nehmen Sie Ihr Gehalt selbst in die Hand! Überlassen Sie es nicht dem Gesetzgeber, dem Anti-Diskriminierungsgesetz, der EU, der angeblichen Emanzipation und Gleichstellung der Frau, den Männern, dem Chef oder den Gewerkschaften. Denn ihnen geht das Gehaltsgefälle der Geschlechter offensichtlich am Senkel vorbei. Wenn sich etwas ändern soll, dann müssen wir selbst das ändern.

Frauen, ein Heer von unterbezahlten Arbeitsbienen? Dieser stillen, tabuisierten, postindustriellen Benachteiligung sollten wir schleunigst das Handwerk legen. Dass dies machbar und gar nicht so schwierig ist, haben Sie auf den vorangegangenen Seiten sehen können. Am Anfang kostet es ein wenig Mühe und Gewöhnung. Doch danach macht es sogar Spaß. Vor allem wenn Sie sehen, wie nicht nur Ihr Gehalt, sondern auch Ihr Selbstwertgefühl und die Anerkennung am Arbeitsplatz in dem Maße wächst, in dem Sie Ihre Gehaltsangelegenheiten selbst in die Hand nehmen.

Es reicht heutzutage eben längst nicht mehr aus, seine Arbeit gut zu machen. Sie sollten auch gut für sich selbst sorgen. Denn im Zuge des sich ständig verschärfenden Kapitalismus tut das inzwischen kein anderer mehr. Kümmern Sie sich nicht nur um Ihre Arbeit, sondern auch um Ihr Gehalt. Wer sollte es sonst für Sie tun?

Holen Sie sich, was Ihnen zusteht! Wenn ich Sie dabei unterstützen kann, tue ich das gerne. Hier erreichen Sie mich:

metatalk Kommunikation + Training
Dr. Cornelia Topf
Weichselweg 1
86169 Augsburg
Tel 08 21–70 48 82
E-Mail: info@metatalk-training.de
Homepage: www.metatalk-training.de

Stichwortverzeichnis

A
Ablehnung, Angst vor 30
Absagen 172
Aktien 169
Anerkennung 80, 219
Anspruchsmentalität 176
Anti-Fallen-Rezepte 119
Arbeitsmittel 163
Ausflüchte 167

B
Bauchchefs 104
Bedenkenträger 144
Belastungen, übertarifliche 230
Bemerkungen, böse 181
Benefit Picking 176
Bescheidenheit 65
Beziehungsebene 64
Bildung 61
Bonus 155
Bürosklave 25

C
Chauvi-Unterstellung 122
Chef(-)
–, Choleriker- 105
–, ein Ekel als 59
–, wankelmütiger 107
-Irrtum 23
-Liebling 90
Compliments, Fishing for 220

D
Defätistin 171
Direktversicherung 165
Disco-Analogie 67
Diskriminierung(s-) 66, 174
-freiheit 167
Dornröschen-Syndrom 71

E
Eigentor-Begründungen 69
Einflüsterungen, negative 37
Einstellungswandel 29
Empathie 92
Engagement 45
Entwicklungspfade 168
Erfolgstagebuch 34
Erlaubnis, innere 38
Extrawürste 166

F
Figur 46
Firmenwagen 153, 158
Fishing for Compliments 220
Frauen,
–, angenehme 24
–, freche 12
Freiraum 170
Fringe Benefits 151
Frisur 46

G
Gefühle, hinderliche 21

Gehaltsungerechtigkeit 12
Geschlechter, Kampf der 183
Gleichberechtigung 195

H
Harmoniefalle 18, 118
Helfer-Syndrom 36
Hemmungen 17
Hoffnung 31
Home-Office 164

I
Idealbild 39
Informationsgefälle 153

J
Jammerlappen 99
Jammern 68

K
Kampf der Geschlechter 183
Kinder 65, 197
Kopfchefs 102
Kündigung 141
Kuschelfalle 125

L
Lästern 233
Leistung(s-) 45
-Irrtum 44
Liebling des Chefs 90
Lohngefälle 33

M
Männer, misstrauische 189
Mäuse, graue 182
Mehrleistungen 216
Menschen-
  -bild, überholtes 211
  -kenntnis 89
Misstrauen 188
Mitarbeitergespräch 108
Mitleid 142, 180
Mobbingforschung 182
Mode 46
Mut 204

N
Neid 180

O
Opfer 121

P
Prämie 156
Präsentation 55
Präsenz 48
Privilegien 160

R
R&R-Metatechnik 40
Radfahrer-Ritual 53
Rationalisierungsbetrug 124
Rauswurf 135
Rechnen 33

S
Sachzuwendungen 159
Schlammschlachten 192
Schnellsprecher 112
Selbstbewusstsein 84
Sparwelle 198

Sprücheklopfer 144
Sterntaler-
  -Mädchen 154
  -Syndrom 30
Stressmanagement 139

T
Teilzeit-
  -beschäftigung 205
  -Jobs 209
Tränen 194
Transferblockade 221
Trotzkompensation 175

U
Überrumpelungs-Taktik 200
Überstunden 170, 229
Unsicherheit 82
Unterschätzung 184
Upgrades 164

V
Verbot, inneres 38
Verhandeln 148, 200

W
Wiederholungstäter 114
Worst Case 27

Z
Zahlenchefs 100
Zeitpunkt, richtiger 113
Zickensprüche 193
Zufriedenheit 235